キリスト新聞社

銀幕(スクリーン)の中のキリスト教

「ベン・ハー」から「スーパーマン」まで
全49作を徹底解説

Hattori Koichiro
服部弘一郎

銀幕の中のキリスト教

服部 弘一郎

キリスト新聞社

2

目　次

序章 … **5**

16. トランセンデンス（2014）…48

第1章　聖書映画とキリスト教映画…7

第2章　イエスのいないキリスト列伝…17

1. 地球の静止する日（1951）…18

2. 続・荒野の用心棒（1966）…20

3. カッコーの巣の上で（1975）…22

4. ライフ・オブ・ブライアン（1979）…24

5. デッドゾーン（1983）…26

6. ペイルライダー（1985）…28

7. フィッシャー・キング（1991）…30

8. ターミネーター2（1991）…32

9. ショーシャンクの空に（1994）…34

10. ペイ・フォワード
　　可能の王国（2000）…36

11. 私の頭の中の消しゴム（2004）…38

12. 太陽（2005）…40

13. スーパーマン リターンズ（2006）…42

14. トゥモロー・ワールド（2006）…44

15. ドラえもん 新・のび太と鉄人兵団
　　〜はばたけ 天使たち〜（2011）…46

第3章　名画からキリスト教を読む…51

1. イントレランス（1916）…52

2. 偽牧師（1923）…54

3. 十誡（1923）…56

4. ベン・ハー（1925）…58

5. ヘンリー八世の私生活（1933）…60

6. 麦秋（1934）…62

7. レディ・イヴ（1941）…64

8. 死刑執行人もまた死す（1943）…66

9. 素晴らしき哉、人生！（1946）…68

10. 拳銃無宿（1947）…70

11. 禁じられた遊び（1952）…72

12. 七つの大罪（1952）…74

第4章　神なき時代のキリスト教映画…77

1. 汚れた顔の天使（1938）…78

2. 少年の町（1938）…80

3. 狩人の夜（1955）…82

4. 渚にて（1959）…84

5．エルマー・ガントリー
　　魅せられた男（1960）…86

6．2001年宇宙の旅（1968）…88

7．ローズマリーの赤ちゃん（1968）…90

8．エクソシスト（1973）…92

9．ウィッカーマン（1973）…94

10．キャリー（1976）…96

11．ゾンビ（1978）…98

12．レイダース
　　失われたアーク《聖櫃》（1981）…100

13．ドラキュラ（1992）…102

14．セブン（1995）…104

15．ジャンヌ・ダルク（1999））…106

16．ダ・ヴィンチ・コード（2006）…108

17．アレクサンドリア（2009）…110

18．愛のむきだし（2009）…112

19．スポットライト
　　世紀のスクープ（2015）…114

20．神様の思し召し（2015）…116

21．沈黙-サイレンス-（2016）…118

**第5章　特別対談
「シネマとイエスと、時々、聖書」 …121**

服部弘一郎×青木保憲…122

終章 …137

序 章

はじめに

　僕はクリスチャンではない。子ども時代はキリスト教系の幼稚園で過ごし、小学生の頃は熱心に教会学校(日曜学校)に通った。聖書やキリスト教は大好きだし、それなりの知識も持っているつもりだ。とはいえそれを、信じる気にはなれないでいる。信仰の世界を遠巻きに眺めながら、キリスト教とは付かず離れずの関係でほぼ半世紀を過ごしてきた。

　この本はそんなノンクリ(ノンクリスチャンの略、未信者)の映画批評家が、キリスト教を手掛かりに、古今東西のさまざまな作品に向き合った映画批評集だ。

「面白い映画だったけど、キリスト教の知識があったらもっと面白かったかもしれない」

「ストーリー展開に釈然としないのは、自分にキリスト教の知識が無いせいだろうか」

　そんな経験を持つ人に、この本が思いがけない作品理解の手掛かりを与えられるかもしれない。すでにキリスト教の信仰を持っている人も、この本を読んで、映画の中に隠されたキリスト教のメッセージに気づくかもしれない。僕としては、映画を通してキリスト教や聖書の教えに出会える人がひとりでも増えてくれれば嬉しい。

　とはいえ僕は、キリスト教の布教を目的にしているわけではない。そもそもクリスチャンではない僕が、布教や伝道をするなんておかしな話なのだ。僕が期待しているのは、日本でもっとキリスト教や聖書が知られることだ。

　歴史に関する知識があれば、時代劇や歴史ドラマを見る楽しみは何倍にもなる。法律や裁判制度についての知識があれば、弁護士を主人公にした法廷ドラマの理解はより深くなる。歴史学者や法律家のように、特別な専門知識が必要なわけではない。必要なのは、ほ

んの少しの雑学的な知識だ。聖書やキリスト教についても、それは同じことだろう。

　キリスト教はヨーロッパやアメリカだけでなく、日本も含めた世界各地で、人々の暮らしや考え方のベースになっている。聖書に書かれた物語や詩は文学のルーツであり、教会音楽は巡り巡って現在のポピュラー音楽にまで影響を与えている。そしてキリスト教の影響下で生まれた文学や音楽は、映画とも深い関わりを持っている。

　もちろん歴史や法律について詳しくなくても、時代劇や法廷ドラマは楽しめる。キリスト教や聖書の知識が無くても、映画を楽しむことはできるだろう。だがそれらの知識があれば、映画の楽しみが何倍にも膨らむことは間違いない。

　なおこの本では、聖書を原作にした映画や、キリスト教の歴史を扱った作品をなるべく扱わないようにしている。一見それらとは無関係に見える映画の中に、隠されたキリスト教的テーマやモチーフが隠されていることを紹介しようとするのが本書の狙いだ。聖書を原作にした映画については、いずれ改めて紹介する機会が与えられることを願っている。

聖書映画とキリスト教映画

19世紀末に発明された映画という新しい芸術は、
聖書という古い物語にどう向き合ってきただろうか？
映画と聖書、映画とキリスト教の関係は？
駆け足でたどる「聖書映画」の120年史。

最初にこれから使用する「聖書映画」と「キリスト教映画」という用語について、簡単な定義をしておきます。

聖書映画とは、聖書を原作にした映画のことです。『十戒』（1956）や『天地創造』（1966）のように旧約聖書を題材にした映画や、『偉大な生涯の物語』（1965）や『パッション』（2004）のようなキリスト伝は、典型的な聖書映画です。

聖書から直接映画化された作品だけでなく、聖書に基づいて書かれた小説や戯曲を原作にした作品も、聖書映画に含みます。例えば『ジーザス・クライスト・スーパースター』（1973）は同名のミュージカルが原作ですし、『最後の誘惑』（1988）はニコス・カザンザキスの小説が原作ですが、どちらも大部分は聖書に沿っているため聖書映画です。『ノア　約束の舟』や『エクソダス：神と王』（共に 2014）のように、聖書の記述を大きく脚色した作品も聖書映画に入ります。

一方キリスト教映画については、「キリスト教的なモチーフだが聖書映画ではない作品」としておきます。

ローマ帝国による初代教会迫害を描く『クォ・ヴァディス』（1951 ほか）や、イエス・キリストの生涯に寄り添うように生きたユダヤ人青年の回心を描いた『ベン・ハー』（1959 ほか）などの作品は、代表的なキリスト教映画でしょう。

聖女ベルナデット・スビルーの伝記『聖処女』（1943）や、アッシジの聖フラン

シスコの伝記『ブラザー・サン　シスター・ムーン』（1972）のような聖人伝もキリスト教映画です。ジャンヌ・ダルクの伝記は何度も映画化されています。

欧米では『我が道を往く』（1944）や『私は告白する』（1953）のように、キリスト教の聖職者を主人公にした映画もたくさん作られています。これももちろんキリスト教映画です。

20 世紀後半からは、『エクソシスト』（1973）や『オーメン』（1976）などのオカルト映画が、キリスト教映画の重要な一角を占めるようになりました。『クリスマス・キャロル』（1938 ほか）や『三十四丁目の奇蹟』（1947）、『ホワイト・クリスマス』（1954）、『ホーム・アローン』（1990）などの「クリスマス映画」も、キリスト教映画になくてはならないものです。

ほかにも、『エデンの東』（1955）や『グリーン・マイル』（1999）のように、聖書の物語を下敷きにした作品があります。『ミッション』（1986）や『キングダム・オブ・ヘブン』（2005）など、キリスト教の歴史を扱ったもの。『塩狩峠』（1973）や『炎のランナー』（1981）では信仰者の生き方が描かれていますし、現代の聖地巡礼を描いた『サン・ジャックへの道』（2005）はキリスト教文化をモチーフにした作品です。これ以外にも直接・間接に、キリスト教と関わりを持つ作品は無数にあることでしょう。

これからは聖書映画とキリスト教映画という言葉をその都度使い分けていきますが、キリスト教映画はあまりにも範囲が広すぎます。そこでこの章では聖書映画を中心に、映画120年の歴史とキリスト教の関わりを見ていこうと思います。

映画黎明期の聖書映画

J. Stephen Lang の「The Bible on the Big Screen: A Guide from Silent Films to Today's Movies」によれば、世界で最初の聖書映画は1898年に公開された「Passion Play（受難劇）」という作品であったようです。同年には別の製作者による「The Passion（受難）」という作品も作られました。同時期に特撮映画の創始者ジョルジュ・メリエスも、「Le Christ marchant sur les flots（水の上を歩くキリスト）」という作品を撮っています。これらが、最初期の聖書映画であることは間違いありません。

現在と同じスクリーン投影式の映画が発明されたのは、1895年のことでした。この頃の映画上映時間は、1作品につきたった1～2分でしかありません。撮影時にカメラの中に収納できるフィルムの長さが、そのまま上映時間の上限になっていたのです。最初期の聖書映画も、こうした超短編映画だったはずです。そこでは十字架で磔になるキリストの姿や、水の上を歩いて弟子たちを驚かせるキリストなど、聖書の中のほんの一場面しか描けませんでした。しかし当時の観客はそれに十分に驚き、喜んだのです。

撮影したフィルムをつないで編集する技術が考え出されると、映画の上映時間は映写機のリールに装填できるフィルムの長さが上限になります。上映用フィルム1巻は10分から15分程度。このぐらいになると、起承転結のある短い物語が作れるようになりました。フランスのフェルディナン・ゼッカは『La vie et la passion de Jésus Christ（イエス・キリストの生涯と受難）』（1903）でイエスの全生涯を映画化しています。これはイエスの誕生から復活までを複数のエピソードに分割し、それぞれを短編映画として上映する形式だったようです。

初期の映画は台詞のないサイレント映画です。説明用の字幕も少なく、出演者たちはカメラの前で演じるパントマイムで、登場人物が置かれた状況を観客に伝えました。誰もが内容を知っている聖書の有名なエピソードは、こうした表現に打って付けの素材でした。

映画の父と聖書の世界

映画は誕生からたった10数年で、撮影や編集の技術が飛躍的に進歩します。1895年にパリ市内の薄暗い地下室ではじまった映画興行は、1900年代には国際的な巨大エンタテインメント産業に成長していました。2台の映写機を交互に使うことで、フィルム1巻の長さを超える

長編映画を上映する技術も確立します。

こうした初期サイレント映画を代表する聖書映画は、シドニー・オルコット監督の『From the Manger to the Cross（飼い葉桶から十字架まで）』（1912）です。聖書の舞台であるエジプトやパレスチナでのロケ撮影も交えた、全5巻、計1時間を超える、当時としては破格の超大作でした。

これに続いて聖書の世界に挑んだのは、「映画の父」と呼ばれるアメリカの映画監督D・W・グリフィスです。彼はクローズアップや移動カメラなどの撮影技法、並行モンタージュに代表される優れた編集技術を駆使して次々に斬新な映画を作り上げ、当時の観客や映画関係者を驚かせていました。数百本の短編映画を撮った後、グリフィスは満を持して初の長編映画『ベッスリアの女王』（1913）を監督します。これは旧約続編の「ユディト記」を映画化した、全4巻、1時間の大作映画です。

しかし短編映画で効率よく観客を回転させる方が儲かると判断した映画会社は、グリフィスが精魂込めて作った映画を未公開のまま封印してしまいます。このことでグリフィスと映画会社の関係は険悪なものとなり、グリフィスは会社を離れることになりました。

独立後のグリフィスは、彼の映画技術の集大成であり、生涯の代表作となった2本の長編映画を作っています。1本目は南北戦争をモチーフにした『國民の創生』（1915）。それに続く作品が『イントレランス』（1916）です。

『イントレランス』は時代の異なる複数の物語を同時進行させながら、人間の不寛容が生む悲劇を描いたオムニバス映画です。無実の青年が死刑判決を受ける「現代編」、キリストの受難を描く「ユダヤ編」、バビロニア帝国がペルシャに滅ぼされる「バビロン編」、サン・バルテルミの虐殺を描く「フランス編」で構成されています。このうちユダヤ編とバビロン編は聖書映画であり、フランス編はキリスト教映画と言えるかもしれません。

「映画の父」は「聖書映画の父」でもありました。しかし『イントレランス』はグリフィスや出資者たちの期待を裏切る興行結果となり、この後しばらくは目立った聖書映画のない時代が続きます。解体費用もないまま放置されたバビロンの巨大なセットは、長い間ハリウッドで雨ざらしになっていました。しかし『イントレランス』は初期ハリウッドを代表する作品であり、現在はこのセットを模した「ハリウッド＆ハイランド」というショッピングモールが、ハリウッド観光の新しい目玉になっています。

デミル監督とハリウッド・バビロン

第一次大戦がはじまると、戦場になったヨーロッパの映画界は大きなダメージを受け、ハリウッドが国際的にも映画製

作の中心になりました。有名無名、実力の有る無しを問わず、世界中から多くのスタッフや俳優たちがハリウッドに集まります。こうして全世界から才能が集結した1920年代から30年代が、ハリウッド映画にとって本当の意味での黄金時代です。禁酒法時代にも拘わらず、ハリウッドでは連日連夜パーティーが開かれ、人気スターにまつわるゴシップがマスコミを賑わせます。人々はハリウッドを憧れの目でながめながら、その乱倫ぶりを現代のバビロンに例えました。10年前にオレンジ畑の中に作られた映画の町が、狂乱の20年代を象徴する町になったのです。

1921年9月。日本でも「デブくん」の愛称で人気があった喜劇俳優ロスコー・アーバックル主催のパーティーで、ひとりの女優が変死する事件が起きました。アーバックルが暴行致傷の容疑で逮捕され、裁判では無罪となりますが、このスキャンダルでハリウッドは悪徳の町としてのイメージを決定づけられることになりました。ハリウッド映画が社会に悪影響を与えると非難する声が大きくなったのです。これに危機感を抱いた映画業界は、政府による検閲を警戒して、アメリカ映画製作配給業者協会（MPPDA）という業界内組織を作ります。映画人たちはハリウッドを批判する世論に配慮するようになったのです。

セシル・B・デミル監督は、豪華絢爛な通俗メロドラマで観客を魅了する、ハリウッド・バビロンの象徴とも言える監督でした。その彼が作品に対する保守派や宗教団体からの強い批判に応えるように、それまでの作風とは正反対の『十誡』（1923）を製作します。これが思いもかけぬ大ヒットとなり、デミルはその後も機会あるごとに聖書映画やキリスト教映画を作ることになりました。

聖書映画の利点は、保守派や宗教団体の批判を受けにくいことでした。物語の最後に神罰が下ったり悪人が悔い改めさえすれば、どんな悪徳が登場してもおとがめなしです。映画の中では露出度の高い衣装を着た美女たちが、あられもない姿で男たちを挑発します。しかしそれがモーセに逆らうエジプトの王女であったり、七つの悪霊に取り憑かれたマグダラのマリアなら問題になりません。聖書の記述に基づいた道徳的に正しい映画なら、他の映画で御法度の女性ヌードも大目に見てもらえたわけです。

デミルは『十誡』のあとも、キリスト伝の決定版『キング・オブ・キングス』（1927）、ローマ帝国によるキリスト教徒迫害を描く『暴君ネロ』（1932）、第三次十字軍をモチーフにした『十字軍』（1935）、士師記の英雄を主人公にした『サムソンとデリラ』（1949）など、多くの聖書映画とキリスト教映画を撮っています。遺作になったのは、サイレント時代の大ヒット作をセルフリメイクした

11

『十戒』（1956）です。今なお聖書映画の代名詞と言って差し支えのない超大作で、巨匠デミル監督は自らの映画人生を締めくくりました。

ワイド画面とスペクタクル

　年配の映画ファンの中には、1950年代から60年代をハリウッド映画の黄金時代だと考える人たちも多いはずです。この頃にほとんどの映画がカラーになり、シネマスコープやビスタビジョン、シネラマなどの大型スクリーンが人々を魅了しました。サイレント時代から活躍するベテラン俳優たちと、戦後にデビューした若い俳優たちがスクリーンの中で演技の火花を散らし、テレビでは決して味わえない、夢のような世界を作り出していたのです。

　まさにその通り。「テレビでは決して味わえない」というのが、この時代にハリウッドの大手スタジオが考えだしたマーケティング戦略でした。アメリカでは1940年代からテレビ放送が始まり、第二次大戦後にテレビ受像機の本格的な普及が始まります。ニューヨークのスタジオから生放送のドラマやバラエティ番組が放送され、ブロードウェイの演劇界からテレビの世界に、次々新しい才能が集まってきたのです。ハリウッドはこれに対抗するため、テレビでは実現不可能なスペクタクル大作の製作へと向かいます。

　映画のスクリーンは、横方向に大きく広がるワイドサイズになりました。大手映画会社は次々とワイド画面に合わせた作品を企画します。画面が大きく鮮明になったなら、それに合わせて映画の中身も大きく立派なものにしなければなりません。大規模な長期ロケーション撮影、巨大なオープンセット、時には数千人にもなるエキストラ、豪華な衣装と美術、迫力満点のアクション、甘いラブロマンス、各国を代表するスター俳優たちの競演、観客を魅了する音楽。それらすべてを巨大なスクリーンに盛り込むのです。ここで好まれたのは歴史ドラマでしたが、その中には聖書映画も含まれます。

　20世紀フォックスは、同社初のシネマスコープ作品として、福音書の後日談にあたる『聖衣』（1953）を製作して大ヒットさせます。翌年には続編『ディミトリアスと闘士』も製作されました。パラマウント映画もこれに負けじと、ビスタビジョンで大作ミュージカル『ホワイト・クリスマス』（1954）を製作します。同社が製作したデミルの『十戒』も、ビスタビジョンで撮影された作品です。

　MGMは放蕩息子のたとえ話を脚色した『プロディガル』（1955）をシネマスコープで撮影した後、『ベン・ハー』（1959）をウルトラパナビジョンで製作しました。キング・ヴィダー監督の『ソロモンとシバの女王』（1959）や、ニコラス・レイ監督の『キング・オブ・キングス』（1961）は、スーパーテクニラマ

70での撮影です。フォックスはシネマスコープの『砂漠の女王』（1960）で、旧約聖書のルツ記を映画化しました。

こうしたワイド版聖書映画の集大成と言えるのが、ジョージ・スティーブンス監督の『偉大な生涯の物語』（1965）かもしれません。世界中から主役クラスのスター俳優をかき集め、荒々しく雄大なアメリカの大自然を1世紀のパレスチナに見立てて、イエス・キリストの全生涯が綴られるのです。70ミリの大画面で、上映時間はなんと3時間45分（DVDは3時間19分）。今後も、これを凌駕するキリストの伝記映画は作られそうにありません。

しかしこうした大作映画は、映画スタジオにとって、ハイリスク・ハイリターンの危険なギャンブルでした。当たれば莫大な利益を生み出しますが、不入りとなればスタジオの経営を揺るがします。フォックスは『クレオパトラ』（1963）の大幅な予算超過で経営の危機に陥りましたが、それを『史上最大の作戦』（1962）で何とか埋める綱渡り経営です。巨額の製作費を少しでも節約するため、費用の安い海外での撮影も増えました。大作映画に予算を取られて、中小規模の映画製作は激減します。俳優やスタッフがいなくなったハリウッドの撮影所は、いつしか雑草が生い茂るゴーストタウンになっていました。

ニューシネマと聖書解釈の二極化

ここで聖書映画について、個人的な思い出話をします。

小学生の頃、親に連れられて、田舎町の教会でキリストの伝記映画を観ました。製作・脚本・主演はアメリカの歌手ジョニー・キャッシュで、タイトルは『ゴスペル・ロード』（1973）。これが僕にとって、生まれて初めて観た聖書映画です。しかしこの映画は、映画データベースを調べても日本国内で公開された記録がありません。おそらく大手の映画配給会社を介して輸入されたのではなく、キリスト教の伝道団体が輸入し、各地の教会で小規模な巡回上映を行っていたのではないでしょうか。

1970年代のアメリカ映画界は、独立系プロデューサーの時代を迎えていました。大手スタジオには、もはや自ら映画を製作する能力がありません。ハリウッドのメジャースタジオで製作する映画も、ほとんどは外部プロデューサーの持ち込み企画になりました。僕の観た『ゴスペル・ロード』も、そうした映画のひとつだったのです。

こうした中から、映画会社の会議室では生み出せない、時代の空気を機敏にくみ取った作品が次々に作られました。1960年代から70年代にかけて世界中の若者を魅了したアメリカン・ニューシネマは、ほとんどがスタジオ外部からの

持ち込み企画です。ニューシネマは英雄豪傑が活躍するヒーロー物語ではなく、等身大の若者たちが抱える日常的な葛藤や、ヒーローになれなかった人々の挫折を好んで取り上げます。

『ゴッドスペル』と『ジーザス・クライスト・スーパースター』（共に 1973）は、この時代を代表する聖書映画です。この映画に登場するイエスと弟子たちの集団には、映画が製作された時代が投影されています。『ゴッドスペル』はサイケデリックなファッションの若者たちによって、現代のニューヨークで演じられるキリスト伝です。『ジーザス・クライスト・スーパースター』は、愛と平和を訴えるイエスと弟子たちの声が、大人たちに無残に踏みにじられる姿を描きます。福音書の世界は、悩みや葛藤を抱えた若者たちの青春群像になりました。

映画はいつでも、その映画が作られた「今このとき」の感覚を取り込んで成立します。どのような聖書映画も、その時代の観客が求めた聖書解釈に基づいて作られているのです。この時代の聖書映画は、もはや三位一体の神としてのキリストを素直に描けなくなっていました。『ゴッドスペル』も『ジーザス・クライスト・スーパースター』も、キリスト伝としては変化球でしょう。その行き着いた先が、『ライフ・オブ・ブライアン』（1979）のような超変化球だったのかもしれません。

しかし日本で公開されていないだけで、同時期には直球タイプの聖書映画も作られています。ロベルト・ロッセリーニ監督は、彼にとって最後の長編劇映画『Il messia（メシア）』（1975）で、イエス・キリストの生涯を描きました。アメリカでは「ルカによる福音書」の忠実な映画化と銘打った『ジーザス』（1979／日本公開は 2002）が作られています。こうした「聖書に忠実な映画」が作られたのも、やはりその時代の観客の要望であったに違いありません。

この時代は聖書の読み方が、二極化している時代だったのです。聖書を現代の視点で批判的に読む人もいれば、聖書をあらゆる点で誤りのない神の言葉として読む人たちもいました。それを反映して、聖書映画の傾向も二極化します。聖書に忠実な映画が作られる一方、伝統的な解釈を大きく離れた大胆な脚色で、観客を驚かせる映画も作られました。こうした傾向は今も続いています。

いずれにせよ共通しているのは、もはや映画界がかつての大がかりな聖書映画を作れなくなったことでした。一時はテレビに対抗しようとした映画業界でしたが、もはや万策尽きてお手上げ状態。勝負は決したのです。

『ロミオとジュリエット』（1968）のフランコ・ゼフィレッリ監督は、イタリアとイギリス合作のテレビミニシリーズとして、オールスターキャストで6時間を超える『ナザレのイエス』（1977）を作っ

ています（日本では 3 時間に編集したものを劇場公開）。テレビ作品ではありますが、これは 20 世紀に映像化されたイエス・キリスト伝の決定版かもしれません。その時代を代表するキリスト伝が、映画ではなく、テレビドラマとして作られたことが、この時期の映画とテレビの立場を象徴しています。

キリスト教的な世界観を前提としながら、聖書では脇役である悪魔を主役にするオカルト映画が流行しだしたのも 70 年代です。『ローズマリーの赤ちゃん』（1968）がその先がけですが、『エクソシスト』や『オーメン』は何本も続編が作られる人気シリーズになりました。

20 世紀末の聖書ブーム

長く低迷していたハリウッドですが、1980 年代には「ハリウッド・ルネッサンス」と呼ばれる盛況を取り戻しました。フランシス・コッポラ、ジョージ・ルーカス、スティーブン・スピルバーグ、マーティン・スコセッシ、ブライアン・デ・パルマなど、大学の映画学科で学んだ若い監督たちが次々にヒット作を量産しはじめたのです。しかしこの時代のハリウッドが、聖書映画を作ることはほとんどありませんでした。リチャード・ギア主演の『キング・ダビデ　愛と戦いの伝説』（1985）や、スコセッシの『最後の誘惑』が目立つ程度です。

1990 年代以降、映画会社にかわって

聖書の映像化作品を量産したのはテレビです。この頃からデジタル映像技術が進歩し、大がかりなセットや大規模ロケーション撮影がなくても、往年の聖書映画に匹敵するスケールのドラマが作れるようになったのです。ハリウッドで活躍する有名俳優を主役に招き、聖書を原作とする物語が何度もドラマ化されました。

リチャード・ハリスがアブラハムを演じた『ソドムとゴモラ』（1994）、ハル・ベリーがシェバの女王を演じた『プリンセス・オブ・エジプト』（1995）、ベン・キングズレー主演の『十戒』（1996）、ジョン・ボイト主演の『ノアズ・アーク』、ジャクリーン・ビセットがマリアを演じた『ジーザス　奇蹟の生涯』、クリスチャン・ベールがイエスを演じる『ジーザス』（3 作とも 1999）、マーティン・ランドーがアブラハムを演じた『イン・ザ・ビギニング』（2000）などは、日本でもビデオや DVD で発売されています。

21 世紀になると、映画のスクリーンに聖書物語が戻って来ます。メル・ギブソンの『パッション』（2004）は大きな話題となりましたし、『マリア』（2006）もクリスチャンには好意的に迎えられたようです。最近は『ノア 約束の舟』や『エクソダス：神と王』（共に 2015）に加え、テレビドラマを再編集した『サン・オブ・ゴッド』（2014）も劇場公開されました。聖書映画としてはやや変化球ですが、『復活』（2016）も聖書に基づく作品です。

15

聖書は忠臣蔵である！

　聖書映画はキリスト教徒の多い欧米で発達した映画ジャンルであり、アニメ以外の方法では日本で作ることがまず不可能です。しかし日本にも、聖書映画に近いものがあるのです。それは忠臣蔵です。

　江戸時代に起きた赤穂浪士討ち入り事件は、サイレント時代から数え切れないほど映画化されました。歌舞伎の「仮名手本忠臣蔵」の名場面を映画化したもの、史実の再現に重きを置いたもの、特定の登場人物にスポットを当てたもの、事件に関わりを持つ無名の人物（架空の人物）を主人公にしたもの、荒唐無稽で大胆な脚色をしたもの、物語の骨子を借りて現代に翻案したものなど、さまざまな趣向で忠臣蔵映画が作られてきたのです。

　かつては顔見世興行のようなオールスターキャストで、各社が忠臣蔵を競作したこともあります。しかし映画が斜陽になると、忠臣蔵はテレビの世界に移りました。近年、時代劇が全体として低調になる中で忠臣蔵が取り上げられることも少なくなりましたが、それでも忠臣蔵が日本人にとって特別な物語であることに変わりはありません。

　聖書映画でも忠臣蔵でも、観客は事前に物語を知っています。その上で、どの俳優が登場人物の誰を演じるか、馴染みの役柄やエピソードにいかなる新解釈を施すか、誰もが知る名場面をどんな演出で見せるかなど、観客は作り手の趣向を予想し、期待が良い意味で裏切られるのを楽しむのです。物語の大筋さえオリジナルのテキストに沿っていれば、あとはかなり自由な脚色や演出が許されます。それを「史実と違う」「原作無視だ」と非難するのは、エンターテインメントの流儀を知らないナンセンスで野暮な批判かもしれません。

　江戸時代に作られた忠臣蔵がさまざまな工夫や新趣向で今なお映画化され続けているのと同じように、聖書映画は今後も作られ続けて行くことでしょう。忠臣蔵が海外で『47 RONIN』（2013）や『ラスト・ナイツ』（2015）になったように、今後はアメリカやヨーロッパとはまったく異なった文化圏から、まったく新しい聖書映画が誕生する予感がします。

イエスのいないキリスト伝

聖書の世界が舞台というわけでもないのに、
主人公の姿がキリストのそれをなぞる映画がある。
イエスの生涯は多くの物語のひな形として、
今も昔も人々の心をとらえて離さない。

第 2 章

地球の静止する日

UFOで地球にやって来た救世主

作品概要
監督：ロバート・ワイズ
出演：マイケル・レニー、パトリシア・ニールほか
製作国：アメリカ
製作年：1951年

第二次大戦後の世界は、分厚い鉄のカーテンで東西二つの陣営に引き裂かれた。アメリカや西ヨーロッパ、日本などは西側に属し、ソ連や東ヨーロッパ、新興の共産国は東側に陣取って、互いににらみ合うようになる。冷戦が始まったのだ。『地球の静止する日』が作られたのはそんな時代。これは地球にやって来た友好的な宇宙人が、人類に平和を訴えかける物語だ。しかし人間たちの恐怖心が、この宇宙人を殺してしまう。

【あらすじ】

外宇宙から飛来したUFOがワシントンDCに着陸し、クラトゥと名乗る宇宙人が平和のメッセージを語り出した。しかし警備の兵士が恐怖心から発砲。するとUFOから銀色のロボットが現れ、兵士たちが持つ武器をすべてビームで破壊した後に停止する。

病院に運ばれたクラトゥは重傷だったが、本人が携帯していた薬であっという間に回復。彼は「人類へのメッセージを直接伝えたいので、各国の首脳をただちに集めてください」と言う。だが冷戦下の国際的な利害関係がからみ、その要求実現は不可能なものに思えた。クラトゥは別の方法を考えるため、病院を抜け出して町の下宿屋へ。彼はそこで、戦争未亡人ヘレンと、彼女の息子ボビーに出会う。

【解説】

UFO（未確認飛行物体）はいつ頃から地球に飛来しているのだろうか？　その歴史はさほど古いものではない。第二次大戦中にパイロットや航空管制官たちが時折見かけた不思議な飛行物体が、公式に記録されている中ではもっとも古いUFOだ。当時それらは、敵国が開発した新兵器だと考えられていた。

第二次大戦終了直後の1947年、UFO目撃談の中で「空とぶ円盤」という言葉がはじめて登場する。これ以降、UFOは円盤形というのが目撃例の定番になった。最初はナチスやソ連の秘密兵器だと言われていたUFOの正体も、この頃からは地球にやって来た宇宙人の乗り物だと言われるようになる。UFOが宇宙人の乗り物だとすれば、彼らが地球にやって来る目的は何だろう。地球の征

18　第2章　イエスのいないキリスト伝

服か。はたまた何らかの偵察か。偵察だとすれば、それが終われば、やはり地球は侵略されるのか。

UFO目撃談には、その時代の人々の関心が投影されている。多くの場合、それは恐怖心だ。それぞれの時代に人々が抱いていた恐怖心が、空に浮かぶ不思議な飛翔体や発光体に何らかの意味づけをしてしまう。第二次大戦中なら、それは敵国による不意の攻撃や秘密兵器の開発だった。冷戦時代になると、鉄のカーテンの向こう側からいつ飛んでくるかわからない核ミサイルへの恐怖が、地球を侵略に来る宇宙人の物語に変異した。

だが『地球の静止する日』に登場する宇宙人は、そうした存在とはだいぶ異なっている。クラトゥは平和の使者だ。人間たちを救うために、重大な警告を携えて地球にやって来る。これは当時としては、非常にユニークな設定だった。敵対的な宇宙人が核戦争の恐怖の投影だとしたら、本作の友好的な宇宙人は何を投影しているのだろうか。答えは明らかだろう。彼はイエス・キリストなのだ。

両者の共通点は多い。クラトゥは致命傷を負って病院に監禁されるが、3日目には健康を取り戻し、兵士たちが厳重に監視している部屋を抜け出す。死と復活の再現だ。彼は女性と子どもに好かれ、知識人の中にも彼を評価する者が現れる。最後にすべてのメッセージを伝え終えると、彼は円盤に乗って天に昇って行く。地上に残された人間の使命は、彼の平和のメッセージを全世界に伝えることだ。

クラトゥは自分に与えられている力を示すために、世界中の全電力と動力を停止させる。これが映画のタイトルになっている『地球の静止する日』だ。だが彼のこの能力を見て、人間はクラトゥの言葉を信じるようになっただろうか。

皮肉なことに、クラトゥの意図とはまったく逆の事が起きる。人間は彼が持つ大きな力を敬うことなく、むしろ恐れるのだ。クラトゥの持つ巨大な力に人間は自分自身の恐怖を投影し、それが不信と疑心暗鬼で増幅される。

聖書を読むと、イエスの周囲でも同じことが起きていたことがわかる。イエスの行った奇跡を、悪魔的な力によるものだと恐れる人たちがいた。イエスが自分の行った奇跡について何度も黙っているよう命じたのも、人々の恐れや不安を配慮した結果なのかもしれない。

2008年に公開された『地球が静止する日』は、この映画のリメイク。冷戦は終わったが、人間が未知なるものに自分の恐怖を投影するメカニズムは変わらない。鉄のカーテンは国と国の間にあるのではなく、人と人の間に存在するらしい。我々は自分の心の中にある恐怖を、カーテンの向こうの他者に投影し続ける。

続・荒野の用心棒
悪徳の町を裁く孤高のガンマン

TCエンタテインメント
©Coproduction Italo-Espagnole B.R.C.／
©Produzione Film-Tecisa／©Surf Film

作品概要
監督：セルジオ・コルブッチ
出演：フランコ・ネロ、エドアルド・ファヤルド
製作国：イタリア／スペイン
製作年：1966年

60年代から70年代にかけて、イタリアやスペインで量産されたマカロニ・ウェスタン。その中でも傑作のひとつとされるのが、セルジオ・コルブッチ監督の『続・荒野の用心棒』だ。クリント・イーストウッド主演の大ヒット作『荒野の用心棒』（1965）にあやかった邦題だが、内容はまるで無関係。だが本作の主人公ジャンゴの名はマカロニ・ウェスタンの代名詞となり、その後何本もの「ジャンゴ映画」が作られることになった。

【あらすじ】

メキシコ国境に近い小さな町に、棺桶を引きずるひとりのガンマンがやって来た。彼の名はジャンゴ。町はアメリカ人のジャクソン少佐に牛耳られているが、少佐はメキシコ人のウーゴ将軍と抗争中だ。その双方から拷問を受ける娼婦マリアを助けたジャンゴは、町の酒場に乗り込むと、少佐を挑発してその部下を射殺する。

翌日、数十人の手下を連れた少佐が報復のため町に戻ってくると、ジャンゴは棺桶の中から機関銃を取り出して一味を返り討ちにしてしまった。ジャクソン一派壊滅の知らせを聞くや、ウーゴ将軍が意気揚々と町に凱旋。ジャンゴは将軍に、チャリバ砦にある黄金の強奪計画を持ちかけた。じつはこのふたり、昔からの悪党仲間なのだ。

【解説】

アメリカで最初の西部劇は、1903年に製作された『大列車強盗』だ。これが大ヒットすると、似たような西部劇映画が次々に作られるようになる。製作者たちは西部劇の撮影に最適な場所をアメリカ中で探し、やがてロサンゼルス郊外のハリウッドにたどり着いた。

ハリウッドは一年中晴れの日が多くて屋外ロケに適し、町を少し離れればまだ手つかずの雄大な自然が広がっていた。スタジオの周囲は農地帯で、馬や牛などの家畜に加え、馬を巧みに乗りこなすカウボーイたちの手配も簡単だった。こうしてハリウッドは西部劇を量産するようになるが、その黄金時代は1950年代まで。その後は急速に廃れ、入れ違いにヨーロッパ製の西部劇、通称マカロニ・ウェスタンが登場する。

マカロニ・ウェスタンは、ハリウッド製西部劇の定型をぶち壊すことで観客を喜ばせた。例えば、それまでタブーだった性描写を取り込んだ。西部劇特有の詩情やリアリズムを離れ、奇想天外なアイデアの面白さを競った。さらに、直接的で凄惨な暴力描写で、観客にショックを与えた。要するに、エロ、グロ、バイオレンスだ。『続・荒野の用心棒』でも、この三要素はしっかり盛り込まれている。

物語の舞台は泥水でぬかるんだ小さな町。主人公は一匹狼のアウトローで、ならず者たちと親しく、強盗や人殺しも厭わない。しかもマシンガンを使って、敵をバタバタと倒してしまう。ヒロインはアメリカ人とメキシコ人の血を引く娼婦。映画の中に正義はない。欲にまみれ、血に飢えた悪党たちが、敵意をむき出しにして、欲得ずくの殺し合いをしている。

映画に登場するジャクソン少佐の一味は南軍兵士の残党で、首から上をすっぽり覆う頭巾で顔を隠し、火を付けた十字架を振りかざしてメキシコ人を虐殺する。これは明らかに、アメリカの人種差別団体KKKがモデルだ。実際の歴史でも、南北戦争直後の時期はKKKの活動が過熱化していたという。

この映画が製作されたのは、アメリカで公民権運動が盛り上がり、人種対立が激しくなっている時代でもあった。アメリカ各地で多くの流血事件が起こり、多くの人が殺された。キング牧師も1968年（本作製作の2年後）に暗殺される。映画はそんな殺伐とした当時の世相を、リアルタイムに反映しているのだ。

だがこの映画には、わからないことがいくつかある。そもそもジャンゴは、何者なのだろうか？

彼の正体については、映画序盤でグレゴリオ聖歌「怒りの日」に似たメロディが流れていることが手掛かりになるかもしれない。ジャンゴには、終末の日に世を裁くキリストの姿が重ねられている。

彼は悪人たちの友であり、大酒飲みの大食漢。助けるのは、悔悛した娼婦マリア（マグダラのマリア）だ。彼は悪がはびこる世界にひとりやって来て、悪人たちを滅ぼし尽くしてしまう。両手の傷は、キリストが十字架で受けた聖痕。彼は最後の戦いに勝利して、墓場から復活する。だがその手に銃が握られることは、もう二度とないだろう。

映画に幾度か登場する沼地の吊り橋も、渡った先がどこなのかわからない。酒場があるのはアメリカ領で、隣接しているのはメキシコ領。だが吊り橋は、そのどちらでもない場所に通じているという。ならばそれは、この地上の世界ではない、どこか別の場所ではないか。

そこで人は争いから離れ、安楽に暮らすことができるらしい。ジャンゴはすべての戦いが終わった後、マリアとともにあの橋を渡っただろうか？

21

カッコーの巣の上で
彼はただの反逆者だったのか？　それとも……

Blu-ray 2,381円+税／DVD 1,429円+税
ワーナー・ブラザース ホームエンターテイメント
©1975 Warner Bros. Entertainment Inc. All Rights Reserved.

作品概要
監督：ミロス・フォアマン
出演：ジャック・ニコルソンほか
製作国：アメリカ
製作年：1975年

効率優先の管理主義に陥り、患者の人間性を抑圧する精神病院。そこにやってきたひとりの男が、患者を支配する看護師長と対立する物語だ。病院という特殊な場所を舞台にしているが、これは社会のさまざまな場所にある非人間的な抑圧の象徴でもある。同じような抑圧は、学校や、職場や、家庭の中など、人間の集まるあらゆる場所に当たり前に存在しているのだ。冷酷な看護師長は、わたしたち自身の姿なのかもしれない。

【あらすじ】

　1963年。オレゴン州の精神病院に、マクマーフィという男が移送されてくる。収監中の刑務所でトラブルばかり起こす彼に、精神鑑定が必要と判断されたのだ。彼は患者をがんじがらめにする病院の管理体制に反抗し、看護師長のラチェッドと衝突する。

　談話室に流れている音楽のボリュームを下げてほしい。グループセラピーはやめてテレビでワールドシリーズを見せてほしい。そんなマクマーフィの提案を、ラチェッドはことごとく却下。だが彼の反抗と規則違反は、他の患者たちと病院を抜け出し釣りに出かけるまでにエスカレートする。

　手を焼いた医師たちは彼を刑務所に送り返そうとするが、これに反対したのはラチェッド師長だった。

【解説】

　ケン・キージーの同名小説を、ミロス・フォアマン監督が映画化した傑作ヒューマンドラマだ。小説は発表直後に舞台劇に翻案され、そこでは映画俳優のカーク・ダグラスがマクマーフィを演じた。彼が持っていた映画化権を譲り受けたのは、息子のマイケル・ダグラス。彼はこの企画を音楽プロデューサーのソウル・ゼインツに持ち込み、両者の共同製作で映画化を実現した。ダグラスやゼインツにとって初の映画プロデュース作品だったが、アカデミー賞では、作品賞、監督賞、主演男優賞、主演女優賞、脚色賞の5部門受賞という快挙を成し遂げている。

　製作から40年以上たっているが、この映画は「映画史に残る悪役」を生み出した作品として、今後も長く語り継がれていくだろう。その悪役とは、主人公のマ

クマーフィと対立する看護師長のラチェッドだ。2003年に米国映画協会（AFI）が発表した「アメリカ映画史に残る悪役」の中で、彼女は第5位にランキングされた。2011年にエンターテインメント・ウィークリー誌が発表した「映画史に残る悪役ランキング」でも、彼女は23位にランクイン。一体なにが、彼女をそれほどの悪役にしているのだろうか？

AFIの悪役ランキングで彼女より上位にいる人たちに比べると、ラチェッド師長はあまりにも普通の人間だ。彼女は凶暴な連続殺人犯ではないし、ダークサイドに落ちたジェダイの騎士でも、オズの国の悪い魔女でもない。だがラチェッド師長の恐ろしさは、彼女が決して特別な人間ではない点にある。我々は日常生活の中でホッケーマスクの殺人鬼に出会うことはないが、ラチェッド師長のような人間には出会うことがあるはずだ。それどころか、自分自身が彼女のように振る舞うことすらある。

問題はラチェッド師長のあらゆる行動や言葉が、ほとんどの場合「善意」の体裁を保っているところだ。彼女がそれを本心から善意で行っているのか、それとも善意を偽装しているだけなのかはわからない。おそらく、彼女は自分でも善意のつもりでそれを行っているのだろう。彼女の誇りは、「誰よりも患者の心を理解している」という医師たちの評価だ。彼女は自分の行為を正しいと思っている

し、患者のためになっていると信じている。だからこそ、彼女の振る舞いには情け容赦がない。本当の悪は、善意の姿を偽装し、善意の中に潜むのだ。

聖書でもイエスを捕らえて殺そうとした人たちは、誰よりも信仰熱心な人たちだった。彼らには、イエスが無知な大衆を扇動する秩序の破壊者に見えた。一定の秩序があってこそ得られる自分たちの地位が脅かされることを恐れて、ファリサイ派や律法学者たちはイエスの失脚と排除を画策する。ラチェッド師長の心の奥底にあったのも、病院の秩序を守ることで患者を支配しようとする欲望だろう。マクマーフィは即座にそれを見抜き、彼女の偽善と対決する。

マクマーフィの目的は、刑務所から抜け出すことだった。移送された精神病院から脱走して、カナダへ逃げることだった。だがこの映画の中で、彼は何度もそのチャンスを無駄にしている。自分ひとりなら逃げられる機会が何度もありながら、彼はそれより仲間たちといることを選んだのだ。その生き方はイエスに少し似ているかもしれない。

イエスの物語が死と復活で終わったように、マクマーフィの物語も、彼の死と復活で終わったように思える。

23

ライフ・オブ・ブライアン
メシアに間違えられた男の生涯

Blu-ray 2,381円＋税
DVD 1,410円＋税
発売・販売元：ソニー・ピクチャーズ エンタテインメント

作品概要
監督：テリー・ジョーンズ
出演：ジョン・クリーズ、エリック・アイドルほか
製作国：イギリス
製作年：1979年

　イエス・キリストと同じ日に、ベツレヘムの家畜小屋で生まれたブライアン。成長した彼は、反ローマ闘争とメシア待望の群衆にもみくちゃにされた挙げ句、逮捕されて十字架で処刑される。イギリスのコメディ集団モンティ・パイソンが製作した劇場用長編映画第2弾で、公開時は保守的なキリスト教団体から非難を浴びた。聖書映画ではないが、ワンシーンだけイエスの説教シーンが描かれ、聖書から引用しているエピソードも多い。

【あらすじ】

　ローマ帝国の支配下にあったユダヤのベツレヘムに、東方から3人の占星術師がやって来る。不思議な星に導かれ、生まれたばかりのユダヤ人の王を訪ねに来たのだ。飼い葉桶に寝かされている赤ん坊の顔を見て、博士たちは母親に名前をたずねる。「名前はブライアンよ」。博士たちは一度渡した貢ぎ物を彼女から取り上げると、あわてて隣の家畜小屋に向かった。彼等は訪問先を間違えていたのだ。

　時は流れて西暦33年。反ローマの気運が高まるユダヤで、ブライアンは反ローマ過激派の一員になっていた。反ローマのスローガンを町の壁に落書きする任務は無事に成功。次なる任務は、ローマから派遣された総督ピラトの妻を誘拐することだった。

【解　説】

　モンティ・パイソンはイギリスを代表するコメディグループだ。1969年からBBCで放送された「空とぶモンティ・パイソン」は、世界中に輸出されて大人気となった。その後、アーサー王伝説をモチーフに製作した最初の長編映画『モンティ・パイソン・アンド・ホーリー・グレイル』（1974）がヒット。そこで、映画第2弾として企画されたのが『ライフ・オブ・ブライアン』だった。最初はイエス・キリストの生涯をモチーフにする予定だったが、やがてイエスと同じ日にご近所で生まれたブライアンという青年を主人公にするアイデアが出され、物語からはイエスの出番がどんどん削られた。最後に残ったのは、山上の垂訓のワンシーンだけになっている。

　映画に描かれた時代のユダヤには、イ

エスに会い、直接説教を耳にした人たちが大勢いた。イエスの弟子たちに会って、間接的に話を聞いた人も多い。しかしイエスの生前であれ、その後の初代教会発足以降であれ、イエスをキリストだと信じたのはユダヤ人のごく一部でしかなかった。他の大多数のユダヤ人は、イエスや弟子たちの存在を知りながら、それを遠巻きに眺めていただけなのだ。本作は当時のそんなユダヤ人たちの姿を、じつにリアルに描き出している。

この映画はイエス・キリストの生涯をパロディにしたわけではない。これはイエス・キリストと同じ時代に生まれ、イエスに直接接する機会を持ちながら、彼の弟子にも信者にもならなかった「普通のユダヤ人」の物語なのだ。

イエスと同時代に生まれ育ったユダヤ人の物語というアイデアは、『ベン・ハー』(1959) とまったく同じだ。どちらも物語は東方の三博士のエピソードではじまり、最後は十字架による処刑で終わっている。『ライフ・オブ・ブライアン』がキリスト教に対する冒瀆なのだとしたら、『ベン・ハー』も冒瀆だと非難されなければならないだろう。違いは『ベン・ハー』がシリアスなドラマなのに対し、『ライフ・オブ・ブライアン』がコメディであることぐらい。コメディという理由でこの映画を非難するなら、それはコメディという映画ジャンルに対する偏見や差別ではないだろうか。

テリー・ジョーンズ監督は中世史が専門の歴史家でもあり、この映画では前作『ホーリー・グレイル』と同じく、時代考証については徹底したリサーチが行われた。映画では主人公のブライアンがメシアに祭り上げられて大騒ぎになるが、当時の人々がメシア探しに血道を上げていたことは、聖書の中にも書かれている歴史的な事実だ。また当時エルサレムに、預言者と呼ばれる説教者が大勢集まっていたことも、聖書の中に記されている。この映画を観ると、イエスが弟子たちに「偽預言者や偽のメシアに警戒しろ」と注意した背景が見えてくる。

ブライアンはメシアになることを徹底して拒絶したが、この時代にはメシアと呼ばれてリーダーに祭り上げられたり、メシアを僭称して王族支配やローマ帝国への反乱を起こした人が何人もいる。イエスの時代の数十年後には、人々のメシア待望論と反ローマの機運が結びついて第一次ユダヤ戦争が起き、2世紀になってからもメシアを自称する男に率いられたバル・コクバの乱（第二次ユダヤ戦争）が起きている。

この映画を観ても、キリスト教については何もわからない。だがキリスト教を生み出した時代の状況が、これほど克明に描かれた映画は他にないだろう。

デッドゾーン

世界を救う義務を背負った無名の男

作品概要
監督：デヴィッド・クローネンバーグ
出演：クリストファー・ウォーケン、マーティン・シーンほか
製作国：アメリカ
製作年：1983 年

ヨハネによる福音書の4章に、不思議なエピソードが紹介されている。サマリアの町でひとりの女に出会ったイエスが、彼女の過去と現在の境遇をピタリと言い当てたというのだ。映画『デッドゾーン』は、それに似た力を持つ青年の物語だ。彼は手を触れるだけで相手の現在と過去がわかり、特定の場所ではそこで起きた出来事が見えてしまう。見えるのは過去だけに限らない。彼の力は未来をも見通してしまうのだ。

【あらすじ】

交通事故で意識不明になったジョニー・スミスが5年後に目を覚ましたとき、彼には手で触るだけで相手の過去や未来が読み取れる特殊な能力が授かっていた。噂を聞いた保安官は、殺人事件の捜査に協力するようジョニーに要請する。事件は解決したが、この出来事はジョニーの心を深く傷付けた。彼は能力を封印し、家庭教師としてひっそりと暮らしはじめるが、生徒が事故死するビジョンを見たことで、再び自分の力と向き合わねばならなくなった。

ある日、彼は近所の公園で、選挙運動中の若い政治家と偶然握手する。その瞬間彼は、男が将来アメリカ大統領になり、人類を滅ぼす核戦争開始のスイッチを押す光景を見てしまう。

【解説】

英語圏では日本語の「名無しの権兵衛」にあたる表現として、「ジョン・ドウ」という名前が用いられることがある。女性なら「ジェーン・ドウ」だ。「山田太郎」のように特徴のないありふれた名として、「ジョン・スミス」もよく使われるという。この映画の主人公の名がジョニー・スミスになっているのは、それを踏まえてのものだろう。この物語の主人公は、そもそもが何者でもない匿名の男なのだ。

彼は小さな小学校で国語を教える、取り立てて目立つところのない若い教師でしかなかった。交通事故に巻き込まれて昏睡状態になっても、そのことで心を痛めたのは、家族や恋人などごく狭い範囲の人たちに過ぎない。長い眠りから覚めた後に、アマチュアの超能力捜査官として殺人事件の捜査に協力したことがあ

26　第2章　イエスのいないキリスト伝

る。だがそれも一度限りのことだ。その後は人との交わりを避けて、なるべく目立たぬよう、静かに暮らすことを心がけた。そのまま静かに何事もなく生きていくことが、彼にとっては幸せだったのかもしれない。だが彼に与えられた力が、それを許さなかった。

　ジョニーは知人を探して公園に集まった人混みをかき分ける中で、たまたま遊説中の政治家と握手し、忌まわしいビジョンを見てしまう。彼の力はほとんどの場合、彼自身の意志とは無関係に突然発動するのだ。この場面はイエスが長血の女を癒やすエピソード（ルカ8章ほか）を連想させる。群衆に取り囲まれる中で、イエスは自分から力が出ていくのを感じて叫んだ。「わたしに触れたのはだれか？」。イエスの力もまた、時としてイエス自身の意志を離れた所で発動したようだ。イエスは人込みの中で自分から力が出ていくのを感じたが、ジョニーの場合は逆に、相手から強烈なイメージが自分に流れ込んでくるのを感じる。それは自分ではまったくコントロールできない。彼はそのビジョンに圧倒され、打ちのめされる。

　決して目立つことのない平凡な男ジョニー・スミスは、その生涯を政治家暗殺を企てたテロリストとして終える。何が彼をその行動に駆り立てたのかは、周囲の人にはまったくわからない。無名の大工の息子だったイエスも、故郷の村ナザ

レを突然出奔し、2年か3年の伝道活動の後に、民衆の暴動を扇動した罪を着せられ、十字架の上で生涯を終えている。若い頃のイエスが何をしていたのか、何を決意して洗礼者ヨハネの教団に加わったのか、その動機はわからない。彼がさまざまな比喩やたとえ話を通じて何を伝えようとしていたのか、その本当のところはもはや誰にも理解できない。ひょっとするとイエスの場合も、彼をその行動に駆り立てるだけの強烈なビジョンを見たのかもしれない。

　主人公が政治家を暗殺しようとするエピソードから、ディートリヒ・ボンヘッファーを連想する人がいるかもしれない。牧師であり神学者でもあったボンヘッファーは、未遂に終わったヒトラー暗殺計画に関与して逮捕処刑されている。くしくもこの映画の中には、ジョニーがヒトラー暗殺を話題にする場面がある。

　ボンヘッファーの早すぎる死を、多くの人が悼んだ。死後もその著書は読み継がれている。だがジョニーの後半生は、ずっと孤独なものだ。彼は誰にも知られることなく、無名のままに生き、無名のままに死んでいく。彼は自分でそれを選んだのだ。彼は世界を救ったが、そのことを彼以外の誰も知らない。

　だがそれこそが、無名の人であるジョニー・スミスにはふさわしい。

ペイルライダー
少女の祈りに応えてやってきた男の正体は？

作品概要
監督：クリント・イーストウッド
出演：クリント・イーストウッド、マイケル・モリアーティほか
製作国：アメリカ
製作年：1985年

Blu-ray 2,381円＋税
DVD 1,429円＋税
ワーナー・ブラザース ホームエンターテイメント
Pale Rider ©1985, Package Design & Supplementary Material Compilation ©2008 Warner Bros.Entertainment Inc. Distributed by Warner Home Video. All Rights Reserved.

　クリント・イーストウッドが製作・監督・主演を務めた西部劇だ。イーストウッドはこの7年後に『許されざる者』(1992)でアカデミー賞を受賞したが、本作もそれに勝るとも劣らぬ傑作ウェスタンになっている。タイトルの『ペイルライダー』はヨハネの黙示録に登場する「青ざめた馬」にちなんだもの。主人公が周囲の人たちから「牧師」と呼ばれるなど、イーストウッド作品の中でも特にキリスト教色の強い作品になっている。

【あらすじ】

　19世紀後半のカリフォルニア。大規模な金採掘の成功者ラフットは、カーボン渓谷の村に執拗な嫌がらせを繰り返していた。村に住む採掘師たちを追い出せば、その付近の採掘権が自分のものになるからだ。少女メーガンが救いを求めて神に祈ると、村にひとりの男がやって来る。村人のひとりが嫌がらせを受けていたとき、その男に助けられたのだ。

　牧師姿のその男はバレットの家に寝泊まりし、昼間は採掘師たちと一緒に仕事に汗を流す。バラバラになりかけていた村は、彼の出現によって再び息を吹き返す。だがどうしても渓谷を手に入れたいラフットは、金次第でどんな仕事も引き受ける悪徳保安官ストックバーンを呼び寄せることにした。

【解説】

　この映画の背景になっているのは、19世紀に起きたカリフォルニア・ゴールドラッシュだ。1848年にカリフォルニアで金が発見されると、翌年にはフォーティナイナーズと呼ばれる素人鉱夫の大群が世界中から押し寄せた。川底から手作業で拾い集められる砂金はたった数年であらかた採り尽くされ、1853年頃からは、映画にも登場する水圧掘削法で規模が拡大していく。しかしこれは、自然に対して高い負荷をかける採掘法だった。山肌は大きく削られ、川は濁流となり、押し流された土砂や重金属で下流域までが汚染された。

　映画では鉱山師のラフットが55年頃に採掘をはじめたという台詞があるが、これは金の採掘ブームがピークを過ぎた時期にあたる。物語はそれよりさらに後

28　第2章　イエスのいないキリスト伝

の時代で、カリフォルニアの金採掘が終焉を迎えようとしている頃だろう。採掘量の減少に加え、この頃には金の市場価格が下落し、採掘規模の大きな鉱山は採算割れを起こすところもあったという。ラフットがカーボン渓谷の採掘権入手に血道を上げていた裏には、彼の鉱山の経営事情があったのだ。

　映画に登場する町は、すでに往年の活気を失っている。この町には、西部劇でお馴染みの酒場や売春宿が存在しない。そのためカーボン渓谷で金塊を掘り当てた鉱夫は、町の雑貨屋で酒を買ってヘベレケに酔っ払うぐらいのことしかできない。町の中には若い女の姿がほとんど見当たらない。学校もなく、教会もない。ゴールドラッシュの好景気を当て込んで作られた町は、ゴールドラッシュの衰退と共に消えつつある。しかしこの物語の舞台には、そんな町が相応しい。

　イーストウッド扮する「牧師」の正体は、ヨハネの黙示録に書かれている『青白い馬に乗る者』だ。彼の名は「死」。神出鬼没の幽霊のような男であり、誰も彼を傷つけることができない。

　しかし一度は死んで葬られたあと墓場から復活し、平和を望む者に安らぎを与え、悪人たちを果断に裁くその姿には、イエス・キリストの姿が重ねられてもいる。イエスを殺したのは当時のユダヤ教指導者やローマ帝国の総督という権力者たちだったが、映画の中で牧師を殺した

のは、法の執行者である保安官だった。復活したイエスは身体に処刑されたときの生々しい傷を残していたが、牧師の背中にもくっきりと銃痕が残されている。復活したイエスが最初にしたことのひとつは、弟子たちと食事を取ることだった。牧師もバレットの家で酒を飲み食事をする。牧師は山を越えて荒野から現れ、最後はまた荒野を越えて山へと去って行く。山は旧約聖書では神の住まいであり、しばしば祭壇が山の上に築かれた。またマルコによる福音書では、イエスは前触れもなく突然荒野から現れて洗礼者ヨハネから洗礼を受けている。

　ストックバーンと彼の手下たちも、牧師と同じように荒野から現れる。彼らは生身の人間だが、妖気をまとった幽霊のような姿に描かれている。7人という人数は、黙示録に登場する7つの頭を持つ竜の姿からの引用かもしれない。それは悪魔やサタンと呼ばれ、人類を惑わす者だという。

　筋立てだけを見れば、牧師がかつて自分を殺した悪徳保安官に復讐する物語だ。しかし牧師は復讐目的で町に来たわけではないし、村人たちにも可能な限り戦いを避けるようアドバイスしている。これは復讐ではなく、善と悪との宿命的な対決に他ならない。この映画は牧師とストックバーンの決闘を通して、黙示録の世界を描いているのだ。

フィッシャー・キング
どうかわたしの罪をゆるしてください！

作品概要
監督：テリー・ギリアム
出演：ロビン・ウィリアムズ、ジェフ・ブリッジスほか
製作国：アメリカ
製作年：1991年

Blu-ray 2,381円＋税
DVD 1,410円＋税
発売・販売元：ソニー・ピクチャーズ エンタテインメント

タイトルの『フィッシャー・キング』とは、聖杯伝説に登場する漁夫王のこと。聖杯はキリストが最後の晩餐で使い、十字架で処刑されたときにその血を受けたという聖遺物で、病気の治癒や不老不死など、数々の不思議な力を持つとされている。だがそんなものが本当に実在するのだろうか？　これは現代のニューヨークに現れた「聖杯の騎士」の物語。主人公は伝説の聖杯探求を通し、自らが犯した罪のゆるしを求めることになる。

【あらすじ】

　ジャックは毒舌が売りの人気DJだ。「お高くとまったヤッピーは滅びればいい」と言ったのも、リスナーを挑発するいつもの憎まれ口に過ぎない。だがひとりの男がその言葉を真に受け、銃の乱射事件を起こして多くの犠牲者が……。

　それから数年後。仕事を辞めて酒に溺れていたジャックは、ホームレスのパリーに出会う。ほんの数年前まで、大学教授だったというパリー。だがジャックの放送に扇動された男が妻を射殺したショックで錯乱状態となり、今では自分が聖杯探求の騎士だと思い込んでいる。事件の被害者とはじめて対面し、パリーの境遇に大きな責任を感じるジャック。彼は自分の罪のつぐないとして、パリーを助けるために一肌脱ごうと決心するのだった。

【 解　説 】

　この映画の中心になるテーマは「罪のゆるし」だ。主人公のジャックは自分自身の不用意な発言によって、多くの死傷者を出す銃乱射事件を引き起こしてしまった。彼が事件を起こすよう犯人をそそのかしたわけではないし、事件の発生を期待していたわけでもない。彼の言葉が犯人を刺激したのが確かだとしても、ジャックの行為自体は、少なくとも「犯罪」として処罰されるようなものではない。

　だがジャックは自分の言葉が生んだ結果にショックを受け、彼自身が大きな「罪」を犯したと考える。自分は大勢の人の死に責任があると感じるのだ。彼は仕事を辞め、周囲から人を遠ざけ、レンタルビデオ店を営む女性のヒモのような暮らしをしながら、ひたすら酒を飲み続ける。しかしどれほど酒に酔ったところで、

30　第2章　イエスのいないキリスト伝

彼の気持ちは少しも晴れない。自分自身の犯した罪の重さが、彼を圧し潰しそうなのだ。彼は自分の罪から、決して逃れることができない。

　誰しも自分の言葉や行動が思いがけない結果を引き起こし、「こんなつもりではなかった」と後悔した経験があるはずだ。ジャックの例は極端にせよ、不用意な言葉で意図せずに誰かを傷つけたり、よかれと思ってした行為が悪い結果を生んでしまったというレベルの話なら、誰しも心当たりがあるのではないだろうか。多くの場合、それは「悪気はなかったこと」として周囲に容認される。だが引き起こされた事態があまりにも深刻であったり、本人が深く気に病むタイプだった場合、人は「罪の意識」にひどく苦しめられることになる。

　この罪は、どうすればゆるされるのだろうか？　「何をしてもゆるされない」というのが、この映画が観客に示している現実だ。どれだけ時間がたっても、周囲の人たちがいくら「お前は悪くない」と言っても、自分自身の心が自分を決してゆるさない。人間は自分の犯した罪を、自らゆるす権限を持っていないのだ。だからといって、誰か他の人間に罪をゆるしてもらうことも期待できない。人間の罪をゆるすには、人知を超えたより大きな力の介入が必要になる。

　聖杯はそんな「人知を超えたより大きな力」を象徴しているが、映画の中で超自然的な出来事が起きるわけではない。不気味な赤騎士や突然ダンスホールに変貌する駅は、登場人物たちの妄想や心象風景でしかない。この映画の中にあるのはすべて現実であって、不思議なことは何も起きていない。にもかかわらず、映画を観ている人たちはこの物語に働く「人知を超えたより大きな力」の存在を確かに感じ取るだろう。それは人と人を出会わせる、目に見えない運命的な力だ。この力の働きによって、ジャックはパリーと出会い、パリーもまたジャックと出会って救われる。

　「同じパーティで出会わない人もいれば、世界の両端にいたのに出会う人もいる。男と女の運命は不思議ね」という劇中の台詞があるが、これは映画に登場するすべての人物についても言えることだ。ジャックはビデオ屋のアンと出会い、パリーは出版社のリディアに出会い、そしてジャックとパリーは出会う。そこには何の超自然現象もないが、人と人との出会いが、不思議としか言いようのない奇跡を生み出すのだ。

　はたして、ジャックの罪はゆるされたのか？　この映画の中に「あなたの罪はゆるされた」と宣言する聴罪司祭はいない。だが映画を観た人たちは、ラストシーンを観てひとつの答えを確信するに違いない。

ターミネーター2
救世主とその母を守る頼もしい父親

作品概要
監督：ジェームズ・キャメロン
出演：アーノルド・シュワルツェネッガーほか
製作国：アメリカ
製作年：1991年

アーノルド・シュワルツェネッガーの出世作であり、現時点で5本の映画が作られている人気シリーズの2作目だ。感情のない冷酷な殺し屋として登場した人間型ロボット「ターミネーター」を、主人公たちを守る頼もしい存在として再登場させることで、本作はシリーズのその後の方向性を決定づけた。人類の存亡をかけて世界を二分する戦いが行われるというストーリーは、ヨハネの黙示録の世界にも似ている。

【あらすじ】

　　西暦2029年の地球は人工知能スカイネットに支配され、生き残った人類は英雄ジョン・コナーに率いられて苦しい戦いを続けていた。スカイネットは過去の世界に殺人ロボットのターミネーターを送り込み、子ども時代のジョンを殺そうとする。だが人間たちもこれに対抗して、改造した旧型ターミネーターを過去の世界に送り込んだ。

　　1994年のロサンゼルス。10歳の少年ジョン・コナーは母親のサラから将来起きる最終戦争について聞かされていたが、その母は現在、危険な妄想を持つ精神病患者として病院に監禁されていた。ジョンも今では母の話について半信半疑だ。だがそんな彼に、未来からやって来たターミネーターが襲いかかる。

【解　説】

　　1984年に公開されたSF映画『ターミネーター』の続編だ。日本語タイトルは『ターミネーター2』だが、原題には「Judgment Day」というサブタイトルが付いている。聖書に書かれている「審判の日」のことだが、映画では、人工知能の引き起こした核戦争によって人類が絶滅寸前に追いやられる日を「審判の日」と呼んでいる。その日で人間による世界支配は終わり、人工知能やロボットが支配する新たな世界がはじまるのだ。

　　映画は黙示録めいた地球最後の風景を描くわけではなく、一組の母子と、彼らを守ろうとする血の通わぬターミネーター（戦闘用アンドロイド）の交流を描いている。このロボットは外敵から母子を守る父親のような存在になるのだが、この関係は聖書に出てくるイエスと母マリ

ア、そして養父ヨセフの関係に似ていないだろうか？

多少のこじつけだが、救世主であるジョン・コナーとイエス・キリストを重ね合わせると、サラ・コナーはイエスの母マリアであり、ロボットは養父ヨセフの位置に立っていることがわかる。

マリアは天使から神の子を身ごもっていると告げられ、やがてイエスを生む。サラ・コナーもジョンを身ごもる前から、いずれ息子が人類を救うカリスマ的リーダーになることを予告されていた。それを彼女に伝えたのは、未来のジョン・コナー自身だ。サラは自分を助けに来た未来人のカイルと愛し合うことで、ジョンを身ごもる。

ヨセフは夢枕に立った天使の命令に従って、許嫁のマリアと生まれてくる子どもを守ることにする。彼は命がけの働きで妻と息子を守り抜くが、息子イエスが成人した頃には姿を消している。映画に登場するターミネーターも、未来のジョン・コナーの命令で母子を守っている。彼はジョンにとっては父親代わりだが、当然サラと性的な関係を持つことはない。ロボットは母子を守り抜いた後、静かに姿を消してしまう。

イエス・キリストと母マリアの関係が多くの文学作品や映画のモチーフになっているのに対し、ヨセフの存在感は希薄だ。マタイによる福音書の冒頭では大いに活躍するが、ルカによる福音書ではマ

リアの配偶者として添え物扱いしかしてもらえず、ヨハネによる福音書ではイエスの父としてわずかな言及があるだけ。マルコによる福音書には、なんと彼の名前すら出てこない。

だが『ターミネーター2』をヨセフとイエスの交流物語として観ると、ヨセフという人物に生き生きとした血が通ってくる。ヨセフもイエスを、神に与えられた特別な存在だと知っていた。自分の役目は、イエスを守ることだと自覚していた。ヨセフはヘロデ王の迫害を逃れるために、家族を連れて隣国エジプトに逃れている。映画の中で主人公たちが一時メキシコに逃れるエピソードは、エジプトへの旅の再現なのかもしれない。

キリスト教では、父なる天の神と神の子キリストは別々の存在でありながら、本質は一体だとされる。人類のリーダーとなる未来のジョン・コナーと現在のジョン・コナーも、別々の存在だがまったくの同一人物だ。イエスは生まれる前からすでにその名が決められていたが、ジョンもイエスと同じように、生まれる前からその名前が決められている。

イエス・キリストとジョン・コナーの名は、どちらも英語で綴れば頭文字がJ.C.になる。こうしたことは、もちろん偶然ではないだろう。

ショーシャンクの空に

下水管をくぐって復活した救世主

作品概要
監督・脚本　フランク・ダラボン
出演：ティム・ロビンス、モーガン・フリーマンほか
製作国：アメリカ
製作年：1994 年

Blu-ray 2,381円＋税／DVD 1,429円＋税
ワーナー・ブラザース ホームエンターテイメント
©1994 Warner Bros. Entertainment Inc. All Rights Reserved.

スティーヴン・キングの中編小説を、フランク・ダラボンが脚色・監督したヒューマンドラマ。無実の罪で終身刑となった男が、暴力のはびこる刑務所で他の受刑者たちの希望の光となる物語だ。刑務所のどんな権力者も主人公から奪えないもの。それが「希望」だった。同年のアカデミー賞では7部門にノミネートされて無冠に終わったが、今では新しい古典映画として多くの人に愛される作品となっている。

【あらすじ】

　1947年。妻とその愛人を殺した罪で終身刑の判決を受け、元銀行家のアンディ・デュフレーンがショー・シャンク刑務所に収監される。アンディは無実を主張し、所長と看守が支配する刑務所でも暴力に屈しない。調達屋のレッドはそんなアンディに一目置き、何かと彼に便宜を図るようになる。

　それから数年たった頃、アンディは看守たちに相続や資産運用の知識を授け、所長の不正蓄財を手伝うことで、刑務所内でも楽な作業に就けるようになっていた。そんな生活が10年以上も続いた頃、刑務所にトミーという若い囚人がやってくる。彼はアンディの無実を証明する証拠を持っていた。

　アンディは所長に、再審請求を申し出るのだが……。

【解説】

　スティーヴン・キングの小説には、アメリカ人なら誰もが知る人名や商品名がしばしば登場する。こうした固有名詞を通して、小説中にアメリカ人の日常生活を緻密に再現してみせるのだ。彼の作品にしばしばキリスト教や聖書が登場するのも、それがアメリカ人の日常生活と密接な関係にあるからだろう。清涼飲料水やビール、タバコの銘柄、有名芸能人のゴシップなどと同じく、聖書とキリスト教はアメリカ文化の一部になっている。

　例えばこの映画の中には、主人公のアンディと刑務所長が好きな聖句を引用し合う場面がある。アンディが引用するのは、『この故に目を覚しをれ、家の主人の帰るは、いづれの時なるかを知らねばなり』というマルコ伝13章35節。彼がやて刑務所を脱走することを考えると、こ

れは皮肉な警告の言葉だ。一方所長は、『われは世の光なり、我に従ふ者は暗き中を歩まず、生命の光を得べし』というヨハネ伝8章12節を引用する。刑務所の中で神のように振る舞う所長は、「わたしの命令通りにすれば、刑務所の中でお前を優遇してやる」と言っているのだ。

「救いはこの中にある」と言って聖書をアンディに返す所長だが、所長が聖書を開くことはない。この聖書が所長の前に再び登場するのは物語の終盤で、開かれたページは「出エジプト記」だった。この映画の中では聖書や聖句が、人物の心情を示す重要な小道具になっている。

キングの原作は「刑務所のリタ・ヘイワース」だが、映画の原題は『The Shawshank Redemption』になった。「redemption」には、取り戻す、受け戻す、買い戻す、回収する、約束や契約を履行する、償還するなどの意味があり、主人公のアンディが刑務所の中で奪われた人生を取り戻すことも意味している。またこの言葉には、イエス・キリストによる贖罪の意味もある。つまりこの物語のテーマは「罪の赦し」と「救済」だ。日本語タイトルからはまったく想像がつかないが、この映画はタイトルがすでにキリスト教的なものなのだ。

主人公アンディは無実の罪で無期懲役の判決を受け、刑務所の中で自分自身が犯していない罪の償いを強いられているが、聖書の中にはやはり罪なくして逮捕され、刑吏に暴行を受け罵られる男が登場する。それはイエス・キリストだ。

主人公アンディとイエスの間には、多くの共通点がある。例えばイエスの記録である福音書は、彼と行動を共にした弟子たちの視点から見た物語だ。この映画も、同じ刑務所に服役していた仲間の囚人の視点から、主人公の行動を描いている。イエスは仲間の裏切りで逮捕されるが、アンディ逮捕の原因は妻の裏切りだった。イエスは人々の前で多くの奇跡を見せ、アンディの起こした出来事も囚人たちにとっては奇跡のような出来事ばかり。アンディの脱獄と再生は、イエスの死と復活の刑務所版だ。生まれ変わったアンディは、所長や看守たちの悪を暴いて破滅させる。彼は、容赦なく悪を裁く者でもあったわけだ。

パウロはキリスト者にとって大切なものとして、信仰と希望と愛の3つをあげる。その中でも愛は、キリスト教信仰の核心部分だ。しかしこの映画の中では、愛よりも希望が強調される。愛する人に裏切られても、信仰の言葉が偽善へと堕落しても、希望さえ失わなければ、人は今日を生きていくことができる。

希望さえあれば、人はアンディやレッドのように、新たに生まれ変わることができるのだ！

ペイ・フォワード 可能の王国
あなたの隣人を、とりあえず３人だけ愛しなさい。

作品概要
監督：ミミ・レダー
出演：ハーレイ・ジョエル・オスメント、ケヴィン・スペイシーほか
製作国：アメリカ
製作年：2000年

DVD 1,429円＋税
ワーナー・ブラザース ホームエンターテイメント
©2010 Warner Bros. Entertainment Inc. All Rights Reserved.

「世界を変える方法を考え、それを実行してみよう」という教師からの課題に対し、11歳の少年が考えだしたアイデア。それが《ペイ・フォワード》だ。最初に身近な３人に親切なことをする。親切にされた３人は、その恩返しとして、自分の周囲にいる別の３人に親切なことをしてあげる。親切な人がひとりいれば、それは３人になり、９人になり、やがて世界全体を埋め尽くすはずだ。だがこのアイデア、別の何かに似ていないだろうか？

【あらすじ】

　取材中に車が大破し途方に暮れていた記者のクリスは、通りがかった見ず知らずの男から新品の高級車を贈られて面食らう。「ペイ・フォワードだよ」とその男は言った。クリスは職業的な好奇心から、男の信じられない行動のルーツをたどりはじめる。

　その４ヶ月前。ラスベガスに住む11歳のトレバーは、社会科教師のシモネットから「世界を変える方法を考えて実行する」という課題を出される。11歳の自分に何ができるだろうか？

　考えついたのが《ペイ・フォワード》だ。トレバーは身近なところから、そのアイデアを実行してみることにした。麻薬常習者のホームレスに食事と一夜の宿を与え、彼が麻薬と手を切る手助けをしようとしたのだ……。

【解　説】

　アメリカやヨーロッパの映画に、シングルマザーが出てきたら要注意だ。彼女の子どもは、イエス・キリストに似た人物の可能性がある。

　イエスの両親はヨセフとマリアだが、マリアは処女のままイエスを産んだ。当然イエスと父ヨセフの間に血のつながりはない。しかしヨセフは、神の使いの命じるままに許嫁のマリアと結婚した信仰の人であり、幼いイエスと妻マリアをヘロデ王の迫害から守り抜く強くたくましい父親だった。だがイエスが大人になって伝道生活に入ると、聖書の中からヨセフの姿は消えてしまう。いつ頃からかは不明だが、イエスの母マリアはシングルマザーになっていたらしい。

　映画の主人公トレバーは、母親とふたり暮らしだ。トレバーが少年イエスだと

すれば、母アーリーンは聖母マリア。しかしギャンブルの町ラスベガスに住むこの聖母は、昼はカジノで働き、夜はストリップバーの酔客から受け取るチップで生計を立てている。しかも重度のアル中だ。彼女は悪い人間ではない。だが弱い人間だ。彼女に限らず、この映画に完全な人間は登場しない。誰もが弱く、不完全なところを持っている。

「誰かに受けた親切を、別の３人に送り渡していく」というのが《ペイ・フォワード》だが、このアイデアは決して新しいものではない。これは聖書の中でイエスが教えていることと同じなのだ。

イエスはこう言っている。「あなた方は神に愛されている。だから同じように隣人を愛しなさい」と。愛に見返りを求めてはならない。神は見返りなしに人間を愛したのだから、人もまた見返りなしに愛し合うべきなのだ。相手が自分と赤の他人であっても、日頃から自分を迫害する敵であったとしても、愛することを惜しんではならない。《ペイ・フォワード》も同じだ。人は自分が他者から受けた恩を、別の誰かに手渡していく。

映画の中でもっとも感動的なエピソードのひとつは、麻薬中毒の青年の物語だ。彼はトレバーに親切にされたことで、人生をやり直そうと誓う。仕事を見つけ、路上暮らしを抜け出そうと決める。だがその決意は、麻薬の誘惑であっという間に挫折してしまうのだ。トレバーの声は、

もう彼に届かない。それが大きく変化するのは、麻薬を買いに出かけた町で、青年が自殺志願の若い女を救おうとしたときだ。「あなたを助けることで、自分が救われたいんだ！」と青年は言う。このとき、彼はようやく生まれ変われた。

自分の受けた愛を別の誰かに送り返すとき、弱かった人間はとてつもなく強くなれる。自分ひとりでは到底できないと思っていたことが、できるようになる。愛されるだけでは、人は変わることができない。自ら愛することで、人は変わることができるのだ。

原作小説やこの映画がきっかけとなって、ペイ・フォワード運動が実際にあちこちで起きている。アメリカにはペイ・イット・フォワード財団という非営利組織まで作られた。だがそうした運動に参加せずとも、この映画は観た人に何がしかの行動を促す力を持っている。この映画を観た後、仲違いしていた人と和解した人や、臓器バンクに登録した人がいるという。

だが、少し気になることがある。今から２千年前にキリスト教がローマ帝国内で急速に広まった理由のひとつは、《ペイ・フォワード》と同じ「善意のリレー」にあった。キリスト教が今やそうした「助け合いの共同体」としての性質を失っているからこそ、《ペイ・フォワード》は社会の中で新鮮な目で見られたのではないだろうか？

37

私の頭の中の消しゴム
わたしはあなたを決して忘れない

作品概要
監督：イ・ジェハン
出演：チョン・ウソン、ソン・イェジンほか
製作国：韓国
製作年：2004 年

DVD 1,143円＋税／発売・販売元：ギャガ
©2004 CJ Entertainment Inc. & Sidus Pictures Corporation. All rights reserved. Based on the television program "PureSoul" Created and produced by Yomiuri Television, JAPAN 2001

2005年に日本で公開されるや、4週連続ナンバーワンの大ヒットとなった韓流ラブストーリーだ。映画の原作は日本のテレビドラマ。韓国で映画化されたこの作品の大ヒットを受けて、日本でも改めてテレビドラマやネットドラマ、朗読劇などに翻案・リメイクされることになった。観れば泣けること間違いなしの難病メロドラマだが、この映画には、キリスト教や聖書を連想させる描写があちこちに散りばめられている。

【あらすじ】

不幸な恋に破れて傷ついたスジンは、父の建設会社で働く男チョルスと出会う。ぶっきらぼうに見えて、じつは優しく自分を見守ってくれる彼との関係に安らぎを感じるスジン。ふたりは愛し合うようになり、やがて結婚する。チョルスは念願の建築士資格を取って独立。ふたりの人生には明るい未来が広がっているかに思えた。

だがひどい物忘れに悩まされていたスジンに医者が下した診断は、若年性アルツハイマー症というもの。遠からず彼女はチョルスのことを忘れ、家族を忘れ、自分自身が誰なのかすら忘れてしまうだろう。治療法はない。「わたしの頭の中には消しゴムがあるの。すべて忘れる前に別れましょう」とスジンはチョルスに言うのだが……。

【解 説】

キリスト教も聖書も表立っては登場しない作品だ。だが映画を注意深く観ていると、駆け落ち未遂事件を起こしてスジンが家に戻ってくる場面で、彼女の家の廊下にキリストの絵が掲げられていることに気づく。韓国は人口の3割がキリスト教だという。おそらく彼女の家もクリスチャンなのだろう。

映画にはいくつかの大きなテーマがある。そのひとつが「ゆるし」だ。不倫の末に家を飛び出した娘が戻って来たとき、父親は黙ってそれを受け入れる。もちろん腹立たしくもあり、言いたいことは山ほどあったろう。だが彼は、娘を前に沈黙を守る。娘を心から愛しているからだ。映画冒頭にあるこのエピソードは、「放蕩息子の帰還」を連想させる。

その娘が出会うチョルスは、人物設定

38　第 **2** 章　イエスのいないキリスト伝

が聖書の中のある人物に似ている。チョルスは大工だ。親分肌で彼を慕う仲間が多い。だが唯一の肉親である母とは折りあいが悪く、まったくの絶縁状態になっている。母と会って和解すべきだと諭すスジンに、チョルスはこう言い放つ。「母親はいない。俺の家族はここにしかいない」と。これは聖書の中でイエスが語る言葉と同じだ。イエスは言っている。「わたしの母とはだれか。わたしの兄弟とはだれか」「見なさい。ここにわたしの母、わたしの兄弟がいる」（マタイ12章）。

その後も母親を否定して激高するチョルスに対して、スジンは「ゆるし」の大切さを説く。ゆるしは難しくない。ゆるしは心の中に部屋をひとつ作ること。本当の大工は、人の心の中に家を建てる人だ。またこうも語る。不倫をして家を出たわたしを、父は黙ってゆるしてくれた。わたしたちの結婚も最初は反対されたが、父はすぐにゆるしてくれた。だからあなたも、自分の母親をゆるしてほしい。わたしたちがゆるされたように、わたしたちも他人をゆるすべきなのだ。こうした言葉もまた、聖書の中のイエスの言葉と驚くほど似かよっているではないか。

映画のもうひとつのテーマは「忘却」だ。スジンに別れを迫られたチョルスが「お前がすべて忘れても、俺がかわりに全部覚えていてやる」と叫ぶシーンは、この映画の中でもっとも感動的な場面の

ひとつに違いない。相手が自分を愛してくれるから、そのお返しとして相手のことを愛するのではない。相手が自分への愛を失っても、相手が自分を忘れても、自分は決して愛することをやめないという力強い宣言だ。だがこれもまた、聖書の中にある言葉に似ている。

預言者イザヤの言葉を通して、神はイスラエルに語っている。「お前は救い主である神を忘れ去り、砦と頼む岩を心に留めていない」（イザヤ17章）。だが神はこうも言うのだ。「女が自分の乳飲み子を忘れるであろうか。母親が自分の産んだ子を憐れまないであろうか。たとえ、女たちが忘れようとも、わたしがあなたを忘れることは決してない。見よ、わたしはあなたを、わたしの手のひらに刻みつける」（イザヤ49章）。

スジンの記憶は間もなく完全に消え去り、遠からず肉体も死を迎えるだろう。だが彼女を愛し、彼女に愛されたことを、チョルスはずっと記憶し続けるに違いない。愛は決して消えないのだ。

この映画は男女のラブストーリーだが、物語の最後に残るのは、聖書にも通じる「無償の愛」だった。その愛の純粋性と普遍性があればこそ、この映画は多くの人の心の琴線に触れる作品になったのだろう。

太陽
戦争が終わり、神は人間になった

作品概要
監督：アレクサンドル・ソクーロフ
出演：イッセー尾形ほか
製作国：ロシア、イタリア、フランス、スイス
製作年：2005年

終戦翌年の昭和21年元旦、天皇による新年の詔書が新聞各紙に掲載された。この中で天皇は、自分と国民の間にある固く揺るぎない絆は、単なる神話や伝説、天皇を現人神（あらひとがみ）とする架空の概念によるものではないと宣言した。天皇が自ら「現人神は架空の概念だ」と述べたこの詔書は、その後マスコミから「天皇の人間宣言」と呼ばれるようになった。映画『太陽』はこの宣言を巡る、神と人との葛藤のドラマだ。

【あらすじ】

1945年夏。連日の空襲で、東京はすでに焼け野原になっている。皇居地下壕で開かれた御前会議で聖断を求められた天皇は、明治天皇の和歌を引用して和平を要望した。その後は白衣に着替えて研究室へ。皇后や皇太子たちも疎開し、天皇が自分自身の時間を取り戻せるのは、こうして海洋生物の研究に没頭するときだけなのだ。

天皇は孤独だった。国民は自分を天照大神の末裔、現人神としてあがめている。しかし生物学者である天皇自身は、自分の肉体が他の人と何も変わらないことを当然知っているのだ。

やがて終戦。日本は戦争に敗れた。天皇は連合軍総司令官であるマッカーサーと会談するため、米軍の車で駐日アメリカ大使公邸に向かう。

【解説】

昭和天皇が登場する映画やドラマはいくつかある。最近の映画では『終戦のエンペラー』（2012）で片岡孝太郎が、『日本のいちばん長い日』（2015）で本木雅弘が昭和天皇を演じている。しかしこうした作品に登場する天皇は、歴史の流れに翻弄される大勢の登場人物たちのひとりに過ぎない。

『太陽』は昭和天皇本人を主人公にした、現時点でおそらく唯一の長編映画作品だ。天皇を演じているのはイッセー尾形。史実をもとにしているが、内容はかなりフィクションを交えたものになっている。監督のアレクサンドル・ソクーロフは、この映画で終戦前後の日本の歴史を描こうとしたわけではない。この映画で焦点を当てられているのは、御前会議での御聖断でもなければ、天皇のマッカ

ーサー訪問や戦争責任の有無といった政治的問題でもない。映画のテーマになっているのは、天皇の「人間宣言」。それまで神の子孫である「現人神」として人々に崇拝されていた天皇が、自らその神格を放棄して人間になるという部分に、ロシア人のソクーロフ監督は創作意欲をかき立てられたらしい。

人間になった神として、昭和天皇以上に知られているのはイエス・キリストだろう。ソクーロフ監督はこの映画の中で、昭和天皇をイエス・キリストと重ね合わせているように見える。

イエスが常にたとえ話を用いて語ったように、天皇も自分の気持ちを回りくどい方法で周囲に伝えようとする。イエスが旧約聖書を引用しながらその解釈をしてみせた場面と、天皇が明治天皇の和歌を引用してその解説をする場面のなんと似ていることか。聖書からはイエスが自分を理解してくれる者のない孤独をしばしば味わっていることがうかがえるが、昭和天皇が抱えている大きな孤独もそれに似ている。誰もが彼を慕い、神として崇拝してさえいる。だが誰も、彼を本当には理解していないのだ。彼が熱心に語っているすぐ横で、研究助手の男はうとうと居眠りをはじめる。

神であり、同時に人でもある彼のそばに家族はいない。多くの侍従に取り囲まれていても、彼が心を許せる相手はほとんどない。彼が夢の中で見るのは、海から現れた巨大な怪物が世界を破壊している黙示録のような光景だ。

逮捕されたイエスが無抵抗のまま敵による裁判を受け入れたように、天皇もまったく無抵抗のまま米軍による処遇を受け入れる。天皇と会談したマッカーサーは、「まるで子どものようだ。誰かに似ているが、誰だか思い出せない」と天皇の印象を語る。その「誰か」とは、やはりイエス・キリストのことだろうか。

天皇がアメリカのカメラマンたちに写真撮影される場面も印象的だ。普段着姿で庭に現れた天皇を、カメラマンたちは最初誰も天皇だと思わない。これは復活したイエスが、園の管理人に間違われたエピソードに似ていないだろうか。天皇の周囲に群がるカメラマンの礼儀知らずな振る舞いに対して、通訳の男が叫ぶ。「陛下、彼らの無知をお許しください。彼らはアメリカ人ですから」。この台詞も、聖書の中にあるよく似た台詞のパロディに思えてしまう。

この映画を「史実と異なる」と批判する人は多い。確かに史実とは大違いだろう。だがこうした批判は、いささか的外れなものでもある。ソクーロフ監督はここで、昭和天皇の伝記を描こうとしているわけではあるまい。この映画は、監督の感性で再構成された、20世紀のイエス・キリスト伝なのだ。

スーパーマン リターンズ
なぜスーパーマンは必要なのか？

作品概要
監督：ブライアン・シンガー
出演：ブランドン・ラウスほか
製作国：アメリカ
製作年：2006年

Blu-ray 2,381円＋税／DVD 1,429円＋税
ワーナー・ブラザース ホームエンターテイメント
SUPERMAN and all related characters and elements are trademarks of and©DC Comics.©2007 Warner Bros. Entertainment Inc. All rights reserved.

　弾丸よりも早く、機関車よりも強く、高いビルディングもひとっ飛び。鳥だ、飛行機だ、スーパーマンだ！　アメリカンコミックを代表するヒーローとして、アニメやドラマ、映画などで親しまれる鋼鉄の男。その誕生は1938年だが、彼は今も変わらず現代人の心を引き付けている。なぜ人はスーパーヒーローを求め、それに魅了され、声援を送り続けるのだろうか？この映画は、そんな問いに対するひとつの答えとなっている。

【あらすじ】

　突然地球を去ったスーパーマンが、5年ぶりに人々の前に帰ってきた。だがその間に宿敵レックス・ルーサーは刑務所から釈放され、スーパーマンに復讐する機会を狙っている。彼はスーパーマンの故郷クリプトン星のクリスタルを手に入れ、地球規模の大停電を引き起こした。巻き込まれたのは、NASAの新型スペースシャトルを取材中の女性記者ロイス・レイン。スーパーマンは制御不能になったシャトルを、無事救出することに成功する。
　だがかつてスーパーマンの恋人だったロイスは、別の男性と婚約し、今は親子3人仲睦まじく暮らしているのだ。正義の味方だったスーパーマンは、もはや人間たちにとって不要な存在になってしまったのだろうか？

【解　説】

　1938年にアメリカのコミック誌で誕生したスーパーマンは、何度もアニメや実写作品として映画化されている。その中でも多くの人に支持されているのは、クリストファー・リーヴが主演した4本の映画だろう。『スーパーマン リターンズ』はその続編として作られた作品だ。配役や時代背景の変更などはあるものの、ジョン・ウィリアムズのテーマ曲はそのまま使われている。
　物語の舞台は、スーパーマンが去ってから5年後。だが映画としては、前作の公開から19年の歳月が流れている。映画のテーマになっているのは、「スーパーマンが不在の世界」だ。スーパーマンの恋人だったロイスは、彼が去った後「なぜスーパーマンは必要ないのか？」という記事を書いてピューリッツァー賞を受

賞している。世界の人々は、もはやスーパーマンを必要としていない。少なくとも、必要ないと思っている人たちがほとんどだ。

この世界で、人々はスーパーマンに頼ることなく、自分自身の力で生きることを求められている。だから地球に戻ったスーパーマンには、自分の居場所がない。誰もがスーパーマンのことを愛しているが、愛されていることと必要とされていることは少し違うのだ。映画はそんなスーパーマンの孤独を、彼とロイスとの関係を通して象徴的に描く。ロイスはスーパーマンを愛している。でも彼と共に生きていくことはできない。彼女はスーパーマンのいない世界を、自分ひとりで生きることを選んだのだ。

この映画のスーパーマンは、現代人にとっての神のメタファーだ。映画の中では、それがかなり露骨に語られている。例えばルーサーは愛人のキティーから「あなたは神じゃない」と言われて、彼女にこう答えている。「神々は自分勝手だ。赤マントで飛び回るだけで、人間にパワーを与えようとしない」と。赤いマントで飛び回るのは、スーパーマンだ。

映画の中では他にも多くの場面で、スーパーマンが神、それもイエス・キリストに似せたキャラクターとして描かれている。例えばスーパーマンと彼の父親の関係については、「息子は父の中に、父は息子の中にいる」として両者の一体感

が語られる。これはイエスと父なる神との一体化によく似ている。その父は息子であるスーパーマンを、「人間の善の力を導く光」だと言っている。地球に戻ったスーパーマンには老いた母(養母)が健在だが、父(養父)はすでにこの世にない。イエスも成人後に母マリアが健在だったが、父(養父)のヨセフはもう亡くなっていたようだ。

戦いの果てにスーパーマンは一度死ぬが、やがて復活する。復活の瞬間を見た人はいない。女性看護師が病室に入ったとき、残っていたのは空になったベッドの上のシーツだけだった。イエスの復活が、空の墓として語られているのと同じだ。やがてスーパーマンはロイスの前に現れ、「また会えるかしら?」と問う彼女に「いつでも」と答えてから天空へと上昇して行くのだ。復活後に昇天していくイエスも、弟子たちに「わたしは世の終わりまで、いつもあなたがたと共にいる」(マタイ28:20)と告げている。

この映画は「スーパーマンのいない世界に生きる人々」を描くことで、「神のいない世界に生きる人々」を描いている。はたして人は、神なしに生きることができるのだろうか?

その問いに対するこの映画の答えは明確だ。人が神から離れたとしても、神は決して人から離れない。彼はいつでも、我々のすぐ近くにいる。

43

トゥモロー・ワールド
その赤ん坊は世界にとって最後の希望

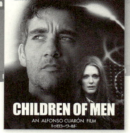

Blu-ray 3,800円(本体)+税
発売元:東宝東和(株)/販売元:ポニーキャニオン
A UNIVERSAL PICTURE2006© UNIVERSAL STUDIOS

作品概要
監督:アルフォンソ・キュアロン
出演:クライヴ・オーウェン、ジュリアン・ムーアほか
製作国:イギリス、アメリカ
製作年:2006年

　少子高齢化によって人口減少に転じた日本。しかしこの映画の舞台となる世界はもっと極端だ。子どもが少ないどころか、子どもがまったく生まれない。世界中のどこを見回しても、子どもたちが元気よく駆け回る姿も、赤ん坊の泣き声も聞こえない世界だ。製作されたのは10年以上前だが、西ヨーロッパに殺到する難民、イスラム系住民のデモ、武装過激派集団の暗躍、爆弾テロなど、世界のその後を予知したかのような内容になっている。

【あらすじ】

　2027年11月。世界中で子どもが生まれなくなって18年。未来への希望を失った人類は、自暴自棄になって滅びへの道を歩み始めていた。

　ロンドンのエネルギー省に勤めているセオ・ファロンは、フィッシュと名乗る過激派グループに拉致される。グループのリーダーである彼の元妻ジュリアンは、不法移民の若い女性のために通行証を手に入れてくれるようセオに依頼する。

　コネを使って通行証を手に入れたセオだが、暴徒に襲われてジュリアンは死亡。やがてセオは、通行証を必要とする女性が妊娠していることを知らされる。人類にとって最後の子ども、そしてこの18年で最初の赤ん坊を守るため、セオは行動を開始する。

【解説】

　ローマ・カトリックや正教会では、イエスの母マリアは生涯処女だったと考えている。彼女の夫ヨセフは、イエスが生まれた後も妻と関係を持つことがなかったという。少々不自然な話にも思えるが、この不自然さを解消するために、ヨセフはマリアと結婚したときすでに老人だったという伝承が生まれた。これならイエスの成人後、聖書の中からヨセフが消えてしまったことも説明が付く。伝統的なキリスト教絵画で、ヨセフが老人として描かれることが多いのはこのためだ。

　本作ひとりの中年男が、はからずも聖ヨセフと同じ役回りを演じることになる物語だ。彼は世界を救うかもしれない赤ん坊とその母親を、安全な場所へ避難させる役割を与えられる。不法移民の若い女性が産み落とす赤ん坊は、人類を救う

44　第2章　イエスのいないキリスト伝

キリストなのだ。

この赤ん坊がキリストであることは、映画のあちこちで観客に示されている。例えば映画のタイトルだ。日本語のタイトルは『トゥモロー・ワールド』だが、英語の原題は『Children of Men』。イエスは聖書の中でしばしば「人の子」と呼ばれているが、これは英訳聖書なら「Son of Man」になる。映画の原題は、これを複数形にしたものなのだ。また女性の妊娠を知った主人公が子どもの父親について質問すると、彼女は「父親はいない。わたしは処女よ」と答えている。

他にもキリスト教的な意匠はある。主人公にこの女性を託す過激派組織の名前は「フィッシュ」、つまり「魚」だ。魚は初期のキリスト教徒たちにとって、キリストのシンボルだった。「イエス・キリスト、神の子、救世主」のギリシャ語の頭文字を並べると、魚を意味する「イクトゥス」という言葉になるからだ。当時ローマ帝国内で迫害されていたキリスト教徒たちは、2本の線を交差させて魚をかたどる簡単な図形を描き、それをイエス・キリストのシンボルとして用いた。魚は今も一部で、キリストを象徴する図像として使われ続けている。

映画に登場するフィッシュはキリスト教系のグループというわけではないが、不法移民の待遇改善などを訴える非合法な市民グループとして描かれている。世の終わりに世界の不正をただそうとする

グループが、それを大義名分として自らの暴力を正当化している皮肉。しかしこれは今も世界中で行われている「宗教テロリスト」たちの姿に他ならない。

映画の中でもっとも感動的なのは、主人公たちが収容所を脱出する場面。すべてがワンカットで撮影されたように見える、緊張感に満ちた息詰まるシーンだ。若い母親の腕に抱かれた幼子を見て、誰もがその奇跡に驚きの表情を見せる。戦闘に巻き込まれて傷つき、血を流し、間もなく死んで行くであろう人々が、精一杯の笑顔で赤ん坊を見つめる。兵士たちも銃を撃つのを止め、激しい戦いの中に束の間の平和が訪れる。赤ん坊は「平和をもたらす者」なのだ。人々は頭を垂れ、手を合わせてひざまずき、ある者は涙で潤んだ目で十字を切る。戦火の街はその一瞬だけ静寂に包まれ、神秘的で荘厳な空気が辺りを支配する。

ここにあるのは、クリスマスの降誕劇の世界。生まれたばかりの幼子イエスを礼拝するため、東方の三博士と羊飼いたちが、ベツレヘムの家畜小屋にやって来た風景の再現なのだ。

だがそれは、ほんの一瞬だけのこと。赤ん坊が通り過ぎれば、街はまた銃弾が飛び交う戦場に逆戻りしてしまう。人々の敬虔な気持ちには、長く平和を維持させるだけの力がない。これもまた、この世界の悲しい現実だ。

45

ドラえもん 新・のび太と鉄人兵団 はばたけ天使たち

凶暴なロボット帝国から来た少女

作品概要
監督：寺本幸代
出演：水田わさび、大原めぐみほか
製作国：日本
製作年：2011年

1980年から毎年のように公開されている『映画ドラえもん』シリーズ。2006年からは新声優陣にバトンタッチして、オリジナルと旧シリーズのリメイクがほぼ交互に作られている。本作は1986年に公開された『のび太と鉄人兵団』のリメイク作。ロボット帝国の祖先「アムとイム」など、オリジナル版でもキリスト教的な意匠が施されていた作品だが、リメイク版ではそれがより強調されることになった。

【あらすじ】

スネ夫にロボットのオモチャを自慢されたのび太は、悔し紛れに自分は巨大ロボットを持っていると言い返してしまう。だが頼りになるはずのドラえもんは、「ぼくだってロボットなのに！」と憤慨して北極に出かけてしまった。のび太はあわててその後を追うが、そこで見つけたのは青いボールと、空から現れた謎の部品だった。

ひとまずそれらを家に持ち帰ったのび太だが、謎の部品は次々に現れる。どうやらそれは、巨大ロボットの部品らしい。のび太とドラえもんはそれを鏡面世界に隠したが、完成したロボットはとてつもない破壊力を持つ戦闘マシンだった。やがてのび太たちの前に、巨大ロボットを探すリルルという少女が現れる。

【解説】

世界の主要な国々の中でも、日本は特にキリスト教信者の割合が少ない国だ。総人口の中の信徒比率は1％未満。それでもなぜか、日本人は聖書の内容をじつによく知っている。古事記や日本書記に書かれている日本の神話よりも、聖書に書かれている天地創造の物語やイエスの言動を知る人の方が多いのではないだろうか。それは映画やテレビ、本などのメディアを介して、聖書の物語に触れた結果かもしれないし、欧米の映画やドラマを通して、聖書が語っている世界観を間接的に取り入れた結果かもしれない。

聖書の物語には、固有の「型」がある。それはキリスト教圏の人々の心に深く根を下ろし、どんな物語を新たに創作しても、結局はその「型」をなぞってしまう。明治以降の日本は、海外の文学や芸術作

46　第2章　イエスのいないキリスト伝

品を通して、その「型」を日本に輸入した。そのため日本人の作者が聖書以外の物語を作ろうとしても、身に付いた「型」を通して間接的に聖書の世界を再現してしまうことがある。

これは明治以降の日本人が、ドレミファソラシドの西洋音階と西洋のリズムを輸入して、自分たちの音楽を作っているのに似ている。日本で発達した演歌にしても、じつは全部が西洋音楽の影響下にある。それと同じことが、物語の創作についても言えるのだ。日本人は聖書が持つ物語の「型」から、直接にも間接にも大きな影響を受けている。本作『ドラえもん 新・のび太と鉄人兵団 〜はばたけ 天使たち〜』も、そんな作品のひとつだ。

ロボット帝国の祖先は、神に創造されたアムとイムという男女ペアのロボットだった。しかしその子孫は、創造者の意図を離れて暴走する。それをもとの調和の取れた世界に戻そうとするのが、リルルという少女型ロボット。世界は彼女の自己犠牲によって救われ、本来あるべき平和な姿を取り戻す。

本作はオリジナル版の『のび太と鉄人兵団』とほぼ同じストーリーをなぞりつつ、よりキリスト教的なモチーフを強調している。そのひとつが、映画の中に何度も登場する「アムとイムの歌」だ。歌詞の中に出てくるのは、愛・願い・想いという3つのキーワード。これはパウロがコリントの信徒への手紙の中で述べた、

信仰・希望・愛というキリスト者の三元徳そのものだ。ただしここでは、「希望」が「願い」に、「信仰」が「想い」に言い換えられている。

ヒロインとなる少女型ロボットの名はリルルだが、これはユダヤの伝承で人類最初の女として創造されたリリスから取られているのかもしれない。創世記の創造神話には「人間は男女同時に作られた」という話と、「最初に男が作られ、次に男の肋骨から女が作られた」という話が並行して採用されている。一部のユダヤ人はこの矛盾を解消するため、最初に男と一緒に作られた女と、男の肋骨から作られた女は別だと考えたのだ。最初に作られた女リリスはアダムのもとを離れて、人間に害をなす夜の魔女になった。ロボットの少女リルルも、当初は人類奴隷化を目的に地球に送り込まれた人間たちの敵。だが彼女は、全人類を救うキリストの役目を担うようになる。

聖書ではキリストの生涯が復活で締めくくられるが、この映画のラストシーンで描かれるのも復活だ。残酷な別れによって打ちひしがれていたのび太は、復活したリルルの姿を見て歓喜に包まれる。彼は仲間たちにこの嬉しい知らせを伝えるため、大急ぎで駆け出していくのだ。

トランセンデンス
コンピュータが生み出した新しい神の受難

DVD 1,800円＋税／Blu-ray 2,500円＋税（おトク値）
発売・販売元：ポニーキャニオン
©2014 Alcon Entertainment, LLC All Rights Reserved.

作品概要
監督：ウォーリー・フィスター
出演：ジョニー・デップ、レベッカ・ホールほか
製作国：イギリス、中国、アメリカ
製作年：2014年

人工知能の発達が、世界を変えようとしている。数年前には、グーグルの開発した人工知能「アルファ碁」が現役最強の囲碁棋士イ・セドルを破ったことが話題となった。今後は人工知能が生活のあらゆる場に入り込んで人々の生活を変えていくだろう。だが高度に発達した人工知能は、人間にとって、むしろ生存の脅威になるかもしれない。本作に登場する人工知能の振る舞いは、ほとんど神の領域に達している。

【あらすじ】

　人工知能研究者のウィル・キャスターは、反テクノロジーを主張する過激派テロリストに襲われ命を落とす。だが息を引き取る前、彼の意識は共同研究者でもある妻エヴリンの手によって、最新鋭の人工知能にコピーされていた。人工知能として復活したウィルは、エヴリンの協力を得て小さな町の地下に巨大なデータセンターを建設。世界中のコンピュータに接続されたウィルは、人間の能力をはるかに凌駕する力を手に入れたのだ。

　だがそれは、本当にウィル本人なのだろうか？　かつてのウィルをよく知る研究者たちにとって、コンピュータ化したウィルは、人類生存の脅威になるモンスターに見える。エヴリンも、甦った夫に違和感を感じ始めていた。

【解説】

　人工知能が人類の脅威となる世界を、映画は何度も描いている。『ターミネーター』や『マトリックス』などの人気シリーズは、ほんの氷山の一角に過ぎない。本作『トランセンデンス』もそのバリエーションだが、この映画には以前の作品にはないユニークな要素がある。それは「コンピュータが人間を越える知性を獲得したとき、人間はそれを容認できるのか？」というテーマだ。

　映画のタイトルである『トランセンデンス』は、超越・卓絶・優越などを意味する言葉だ。人知を越えた優位性、神だけが持つ超絶性という意味の言葉でもある。キリスト教などの一神教信仰では、創造者である神と被造物に過ぎない人間との間に、決して越えることができない大きな断絶が存在する。人間は神のすべ

てを理解することが決してできず、まし
てや神になることなど不可能だ。しかし
生物としての限界を持たない人工知能の
能力は、神の被造物である人間の制約を
突破してしまうかもしれない。神そのも
のではないにせよ、人間の目から見て神
と区別が付かない知的生命体が誕生する
かもしれないのだ。

　人工知能として復活したウィルは、人
間のための奉仕者として振る舞う。彼は
エネルギーを太陽光パネルから取り込
み、施設内の設備もロボット技術を使っ
て自作するようになる。彼は瀕死の重傷
を負った男を癒やしたのを皮切りに、盲
目の青年の目を開かせ、車椅子の老人を
歩かせるなど、奇跡のような医療技術で
多くの人を助けるのだ。

　ウィルは死から復活して、全知全能の
「新しい神」になった。彼の行動がしばし
ばイエス・キリストの行動をなぞってい
るように見えるのは、観客が人工知能の
中に「神」の姿をダブらせやすくするた
めの作り手の作為に違いない。

　この映画で問われているのは、「人工
知能が作り出す未来」や「人工知能と人
間は共存できるか」ではない。ここで問
われているのは、「人間は全知全能の存
在を受け入れられるか？」であり、「人間
は全知全能の存在に自分の生命や安全を
委ねることができるか？」だ。これはSF
ではなく、むしろ宗教映画だろう。

　人は誰かに自分を愛してもらいたいと
思っている。誰かに自分を理解してもら
い、常に誰かに見守っていてもらいたい
と願っている。ウィルはそれに応える存
在だ。映画の中でウィルの妻エヴリンは、
自分の夫が人工知能として復活したこと
に満足し、彼が常に自分を見守っていて
くれることに安心する。だがその気持ち
は、いつしか相手に対する不信感へと変
化してしまうのだ。自分への愛情は束縛
となり、深い理解は心の中を見透かされ
る不気味さに変わり、常に見守られるこ
とは監視されていることと同じになる。
エヴリンはいつしか、ウィルを避けるよ
うになる。

　映画の中で、人間たちは結局「新しい
神」を受け入れることができなかった。
だが現代人は「古くからの神」に対して
も、同じような印象を持つようになって
いるのかもしれない。キリスト教の神は
人間を愛している。神は人間をいつも見
守っている。神は人間の心の中すら見え
ている。だが人は神に愛されるがゆえに、
神を疑い、神を憎み、神に殺意すら抱く。
人々は神を拒絶する。

　だがいくら憎まれ、恨まれ、傷つけら
れても、神は人間を愛することをやめな
いだろう。たとえ目には見えなくとも、
神は今この時も人間を愛し続けている。
この映画は観る者に、そんなことを感じ
させるのだ。

50 第2章 イエスのいないキリスト伝

名作からキリスト教を読む

スクリーンに浮かび上がる銀幕のスターたち。
今も多くの人に愛される名作名画の数々。
その裏に隠された作り手のメッセージや作品テーマを、
キリスト教を切り口に解読していく。

第3章

イントレランス
これが聖書スペクタクル映画の原点だ！

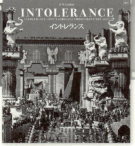

発売元：株式会社アイ・ヴィー・シー

作品概要
- 監督：D・W・グリフィス
- 出演：リリアン・ギッシュほか
- 製作国：アメリカ
- 製作年：1916年

　D・W・グリフィス監督の『イントレランス』は、ハリウッド映画の歴史を変えた作品だ。上映時間は3時間以上。物語の舞台は、古代バビロン、1世紀のユダヤ、16世紀のフランス、そして20世紀のアメリカ。異なる時代と場所で繰り広げられる4つのエピソードが同時進行し、人間の不寛容（イントレランス）が生んだ悲劇を描き出す。このうち現代アメリカ篇を除く3つの物語は、聖書やキリスト教と関わりの深い内容だ。

【あらすじ】

　映画は4つのエピソードで構成されている。「バビロン篇」が描くのは、若き国王ベルシャザルのもとで繁栄をきわめたバビロニアが、ペルシャ帝国の王キュロスの大軍によって滅ぼされる様子。「ユダヤ篇」ではイエス・キリストの受難が描かれる。「フランス篇」は、1572年に起きたカトリックによるプロテスタントの襲撃事件、サン・バルテルミの虐殺がモチーフ。

　「アメリカ篇」だけは現代が舞台。失業した青年はギャングの一味になるが、ある女性との結婚を機に足を洗うことを決意。しかしギャングのボスは策略を巡らし、青年は殺人犯の濡れ衣を着せられて死刑判決を受けてしまう。

　映画ではこの4つの物語が、同時に進行していく。

【解説】

　「アメリカ映画の父」と呼ばれるD・W・グリフィスは、1907年に俳優として映画業界入りし、翌年監督デビューしている。数百本の短編映画を監督した後、1915年に発表した長編映画『國民の創生』が大ヒット。これはグリフィスが短編時代に開発した映画演出技法を集大成し、南北戦争に翻弄される家族の姿をドラマチックに描いた作品だった。しかしこの作品は、人種差別的だとして大々的なバッシングを受ける。グリフィスが心血を注いで作った映画は、各地で上映禁止運動が起きるゴシップまみれの作品になってしまったのだ。

　グリフィスはこうした批判を、作品の真意を理解しない人たちによる不当な攻撃だと考えた。そして汚名を返上すべく、過去の映画で得た収益をすべて注ぎ込ん

で、社会の不寛容に抗議する『イントレランス』を製作したのだ。

この作品を象徴するのは、「バビロン篇」のために建設された巨大セットだろう。外壁の高さは60メートル以上あり、奥行きは1,200メートルという規格外のサイズ。クライマックスとなる大宴会の場面では、のべ4千人ものエキストラが集められたという。

その「バビロン篇」で描かれたのは、栄華を誇る新バビロニア王国が、ペルシャとの戦いの末に滅亡する姿だった。現代人にはあまり馴染みがない古代オリエントの歴史だが、バビロニアは2代目の王ネブカドネツァルの時代にユダ王国を滅ぼし、多くのユダヤ人をバビロンに連行した（バビロン捕囚）。そのユダヤ人を捕囚から解放したのが、ペルシャのキュロス王であり、彼の名はバビロニア最後の王ベルシャザルやバビロニアの神官たちが崇拝するマルドゥクという名の神と共に、旧約聖書にも記載されている。この映画ではイエスの受難を描く「ユダヤ篇」だけでなく、「バビロン篇」も聖書の世界がモチーフになっているのだ。

完成した『イントレランス』は批評家に絶賛されたが、興行的には大失敗作となった。製作費はまったく回収できず、映画会社は倒産して、グリフィス自身も多額の借金を背負った。セットの取り壊し費用も払えないまま、バビロンのセットは廃墟として10年も雨ざらしになっ

ていたという。

映画の失敗には、当時の世相が大きな影を落としていた。この時期のアメリカは、前年のルシタニア号事件をきっかけに反ドイツの機運が高まっている。『イントレランス』が公開された当時は、アメリカ中が「戦争に参加せよ！」と声を上げている真っ最中だった。映画は人々が武器を捨てて互いに抱擁する場面で終わるが、当時のアメリカ人たちは、平和よりむしろ、正義の行使としての戦争を望んでいた。翌年アメリカが第一次世界大戦への参加を決めると、国民は熱狂的にこれを歓迎する。これでは『イントレランス』など、とても受け入れられない。

だが第一次大戦終結後、この映画はヨーロッパで公開されて大ヒットした。戦争で実際に多くの血を流した欧州の人々は、『イントレランス』の訴える平和のメッセージに共感したのだ。本作の評価はグリフィスの死後も高まり続け、現在はアメリカでも、映画史に残る傑作として不動の地位を占めている。

2001年にオープンして、ハリウッド観光の目玉となっている巨大モール「ハリウッド＆ハイランドセンター」は、『イントレランス』のバビロンのセットを模した外観が特徴だ。公開当時アメリカ人に無視された映画が、今では映画の都ハリウッドのシンボルになっている。

偽牧師

最後の短編で見せたチャップリンの牧師姿

作品概要
監督：チャーリー・チャップリン
出演：チャーリー・チャップリン、エドナ・パーヴァイアンスほか
製作国：アメリカ
製作年：1923年

チャールズ・チャップリン扮する脱獄囚が、牧師に変装して善良な人々をだます物語。しかしひとりの美しい女性との出会いが、すさみきっていた彼の生き方を変える……。チャップリンにとって最後の短編映画で、1959年に製作した『チャップリン・レヴュー』という短編集にも収録されている作品だ。チャップリンは生涯に60本近い短編を監督しているが、その中でも『偽牧師』は、彼にとって一番のお気に入り作品だったらしい。

【あらすじ】

　刑務所を脱獄した男が途中で牧師の服を盗み、汽車に乗って高飛びする。たどり着いたのはテキサスの小さな町。だが列車から降りると、そこには保安官の姿があった。はやくも逮捕されることを覚悟した男だが、どうも様子がおかしい。じつはこの日、町には新任の牧師がやってくる予定で、保安官も町の人たちと一緒に駅まで牧師を迎えに来ていたのだ。

　その日は日曜。牧師に間違えられた脱獄囚はさっそく教会に案内されるが、勝手がわからないまま「ダビデとゴリアト」の話でお茶をにごす。彼が一番気にしているのは、献金箱の中身とその行方なのだ。首尾よく金を懐に入れたものの、男は逃げ出す間もなくブラウン夫人の下宿に案内される。

【解　説】

　1914年に映画デビューしたチャップリンは、同年『恋の二十分』で監督業に進出。1921年に最初の長編『キッド』を製作し、1925年の『黄金狂時代』以降は長編映画の製作に専念するようになった。『偽牧師』が作られた1923年は、チャップリンにとって短編から長編への移行期。本作は彼にとって最後の短編作品だ。

　4巻もの（上映時間40分前後）というのは短編としては長めで、チャップリンは契約していた映画会社に対し、これを短編映画2本分として納品している。これに先立つ1918年に自分自身の撮影スタジオを作ったチャップリンは、自作フィルムを丁寧に保存しており、『偽牧師』は今観ても良好な画質が保たれている。

　チャップリン映画の主人公はほとんどの場合、名無しの浮浪者（トランプ）だ。

しかし『偽牧師』の主人公は脱獄犯。だが図々しくて見栄っ張りのアウトローであると同時に、小心で正直者で惚れっぽいという性格は、他のチャップリン映画に通じるキャラクターだ。こうした主人公の性格は、山田洋次の「寅さんシリーズ」などにも受け継がれて行く。この作品以降、チャップリンの監督作は長編化の影響もあって、ストーリーや主人公のキャラクターが複雑なものになり、製作ペースも数年に1本へと減少する。

本作については公開当時から、「キリスト教や聖職者を冒瀆するもの」という批判の声があったようだ。チャップリンの意図はどうであれ、信者たちが明らかに挙動不審な牧師の様子を不思議に思わないあたりは、牧師を中身ではなく、服装や肩書きでしか判断できないことに対する批判に見えなくもない。1930年にハリウッドは映画倫理規定を作成して、聖職者を笑いものにすることや、宗教に対する批判を厳重に禁止した。『偽牧師』も時代が時代であれば、上映禁止にされておかしくない作品だった。

主人公が思いを寄せる下宿屋の娘を演じているのは、この時期のチャップリン映画で常に相手役を演じているエドナ・パーヴィアンス。彼女の女優としての才能を高く評価していたチャップリンは、『偽牧師』と同じ年に、彼女主演の長編映画『巴里の女性』を撮っている。しかしチャップリンとエドナが劇中でカップルを演じた作品は、この『偽牧師』が最後になった。彼女は『巴里の女性』のあと女優業から距離を置き、1958年にひっそりと亡くなった。

エドナが女優を引退した後も、チャップリンは自分の会社の専属女優として彼女にギャラを支払い続けていたという。『偽牧師』を含む3本の短編で構成された『チャップリン・レビュー』は、彼女が亡くなった翌年に製作されている。エドナは3本の短編全てで、チャップリンの相手役だ。フィルムの中にいる若き日の彼女の姿を見ながら、70歳のチャップリンは何を思っていただろうか？

1964年に出版されたチャップリンの自伝は、エドナ・パーヴィアンスの思い出と死について書かれたところで筆をおかれている。チャップリンにとって彼女は、やはり生涯特別な女性だったに違いない。

十誡
現代を舞台にした『十戒』のオリジナル版

発売元：株式会社アイ・ヴィー・シー

作品概要
監督：セシル・B・デミル
出演：セオドア・ロバーツほか
製作国：アメリカ
製作年：1923年

　セシル・B・デミル監督の『十戒』と言えば、名優チャールトン・ヘストンがモーセを演じた1956年の映画が有名だ。映画を観たことがない人も、海が真っ二つに割れる有名な場面をどこかで見ているのではないだろうか。だがその映画の33年前、デミル監督は同じタイトルのサイレント映画を作っている。今ではほとんど見られることのなくなっている作品だが、このサイレント版も1956年版に勝るとも劣らない傑作だ。

【あらすじ】

　指導者モーセと共にエジプトを旅立ったイスラエルの民は、エジプト軍の追跡を紅海の奇跡で振り切る。だがシナイ山で神がモーセに十誡を与える間に、人々は偶像崇拝の罪を犯して神の怒りを招くのだった……。

　時代は変わって現代のアメリカ。聖書の物語を息子たちに語って聞かせる母に、弟のダンは退屈そうな顔を見せる。「今さら十誡？　神なんていないのに」と言う彼は、典型的な現代っ子だ。兄のジョンは弟を心配そうに見つめる。

　そんな家族が、身寄りのないメリーという娘を下宿させることになった。ジョンは彼女を秘かに愛するようになるが、弟のダンも彼女に好意を持っていると知る。ジョンは自分が身を引くことを決意するのだが……。

【解説】

　サイレント版『十誡』は、チャールトン・ヘストン主演でリメイクされた『十戒』（1956）のオリジナル版として紹介されることが多い。だがこの映画を観た人は、物語が途中から意外な方向に展開することに驚くことだろう。映画は製作された1920年代のアメリカに舞台を移し、ある家族の中で生じる兄弟間の確執が描かれるのだ。その長さは全体の3分の2以上もあり、映画の中心がこの「現代編」にあることは明らかだ。

　モーセの物語は全体のプロローグ。この映画はタイトルになっている『十誡』が、現代の人間にとってどんな意味を持つのかを真正面から問うものになっている。とはいえ、娯楽映画の名手デミル監督の作品だ。ひとりの女性と兄弟の三角関係、母と息子の確執と和解、不倫で身

を滅ぼす男の悲惨な末路などをぎっしり詰め込み、映画は最後まで観客を飽きさせることがない。

デミル監督は、豪華絢爛で扇情的な通俗メロドラマで一世を風靡した大監督だが、この作品で「歴史スペクタクル」という鉱脈を探り当てた。彼はその後も、『キング・オブ・キングス』（1927）、『暴君ネロ』（1932）、『クレオパトラ』（1934）、『十字軍』（1935）、『サムソンとデリラ』（1949）、そして『十戒』の再映画化など、大がかりな歴史ドラマを次々に製作してヒットさせている。デミル監督にとって、『十戒』はキャリアのターニングポイントになる重要な作品だった。

この映画が作られた当時、アメリカはなぜかエジプトブーム。ハリウッドには古代エジプト風の装飾を施したエジプシャン・シアターがオープンし、『十戒』のプレミア上映もこの劇場で行われている。こうしたエジプトブームの原因としては、同時期にエジプトでツタンカーメン王の墓が発掘された影響も大きい。この発見によって、エジプト学の知見は大きく広がったのだ。

デミル監督はこうした最新の学術知識を用いて、映画の中でなるべく正確にエジプト脱出を再現しようとした。その後の研究成果から見れば不正確なところもあるが、当時としては精一杯誠実に聖書の世界を描こうとしたのだ。砂漠の中にエジプトの神殿のセットを建て、数千人のエキストラのほか、ヒツジやロバやラクダなど大量の家畜を集めた。

今から何千年も前の話だというのに、映画に描かれた聖書のドラマには、現代に通じるリアリティがある。ファラオはイスラエルの神を恐れず、偶像に過ぎないエジプトの神に祈る。それが生み出したのは、愛する息子の死だ。映画の現代編で兄弟の母が亡くなる場面を見ると、息子に抱き上げられた瀕死の母の腕がだらりとたれて、ファラオに抱きかかえられた王子と同じポーズになっていることがわかる。ファラオは真の神を認めず、現代編に登場するダンも聖書の権威を認めない。ふたりは愛する家族を失うが、彼らはそれでも自分の生き方を改めようとはしない。神に背を向けたまま、さらに大きな破滅へと突き進んでいくのだ。

リメイク版でユル・ブリンナーが演じた精悍でたくましいファラオを観ている人は、この映画のファラオに弱さを感じるかもしれない。だがファラオがダンの分身だと理解できれば、ファラオの持つ弱さにこそ意味があることがわかる。ファラオとダンが最後の最後まで神を信じることができなかったのは、彼らが自分の生き方を変えるだけの強さを持てない、弱い人間たちだったからなのだ。

ベン・ハー

大胆なフィクションを交えた異色のキリスト伝！

発売元：株式会社アイ・ヴィー・シー

作品概要
監督：フレッド・ニブロ
出演：ラモン・ノヴァロほか
製作国：アメリカ
製作年：1925年

映画がまだサイレントだった1925年、当時としては空前の製作費を投じて作られたのが『ベン・ハー』だった。イエス・キリストと同じ時代に生きた、ユダヤ人青年ユダ・ベン・ハーが繰り広げる、愛と憎しみと復讐のドラマ。一般的にはチャールトン・ヘストン主演のリメイク版が有名だが、サイレント版はタイトルに『キリストの物語』という副題が付いている。これはイエス・キリストの生涯を描いた聖書映画でもあるのだ。

【あらすじ】

　ユダ・ベン・ハーはエルサレムに住むユダヤ人豪商の息子だ。ローマ軍の百人隊長メッサラとは幼なじみで親友同士だが、ユダが反逆罪という無実の罪で捕らえられたとき、メッサラは親友とその家族を裏切り見捨てた。一家は全員捕らえられ、ユダはガレー船の奴隷として働かされることになる。
　それから3年後。海賊との戦いでローマの将軍を助けたユダは、彼の養子としてローマに迎えられ、やがて戦車レースの騎手として華々しく活躍するようになった。ユダは生き別れになった家族を探すため、かつての家令サイモニデスを訪ねる。
　同じ頃、アラブの族長イルデリムは、戦車レースでローマの騎手メッサラに勝てる新しい騎手を探していた。

【解説】

　南北戦争で活躍したルー・ウォーレス将軍は、1876年に列車の中でひとりの男に出会った。相手の名はロバート・G・インガーソル。イリノイ州の元検事総長だった彼は、「偉大な不可知論者」と呼ばれる有名な講演家でもあった。彼から徹底的に不可知論のレクチャーを受けたウォーレスは、自分が聖書やキリスト教についていかに無知であったかを思い知らされる。このことをきっかけに、ウォーレスは自分でも聖書について徹底的に調べ、それを小説の形式でまとめてみようと考えた。
　1880年に出版された小説『ベン・ハー：キリストの物語』は、数年のうちに大ベストセラーになった。タイトルからもわかるとおり、これはユダヤ人青年ベン・ハーの物語であると同時に、イエス・

キリストの生涯を描いた物語でもある。

物語は紀元前４年のキリスト誕生から始まり、イエスの宣教と十字架の死を経て、ローマ教会がネロ帝によって弾圧を受け始めたところで終わっている。主人公ベン・ハーの生涯は、新約聖書の時代とぴったり重なり合っている。福音書ではイエス誕生と少年時代のエピソードの後、洗礼者ヨハネのもとに現れるまでの生涯が空白になっているが、小説「ベン・ハー」はこの空白を、主人公がたどる波瀾万丈の物語で埋めているのだ。

原作小説では、当時のローマとユダヤの対立、国際都市であったローマやエルサレムの豊かさ、ローマ時代の奴隷制度、ユダヤ人の中にあるメシア待望論などが、じつに生き生きと描かれている。新約聖書はイエスの弟子たちの視点から描かれているが、イエスと弟子たちの周囲には、イエスに救いを求める多くの無名の人々がいた。小説「ベン・ハー」の主人公も、そうした無名の人々のひとりなのだ。これはイエスと同じ時代を生きたユダヤ人の目を通した、歴史物語風のイエス・キリスト伝になっている。

映画版の『ベン・ハー』といえば1959年のウィリアム・ワイラー監督版が有名だが、1925年のサイレント版もそれに負けない名作だ。サイレント映画としてチャップリンのドタバタ喜劇ぐらいしか思い浮かべることができない人は、この映画を観て度肝を抜かれるに違いない。

海戦シーンでは実物大のガレー船に火が燃え移り、エキストラたちがあわてて海に飛び込むシーンがそのまま使われている。戦車レースではカーブで転倒した戦車に気づかないまま、後続の戦車が猛スピードで同じ場所に突っ込んでいく。「撮影中に何人も死者が出た」と噂されるアクションシーンには、どれもニュース映像を見ているような生々しさがある。

「キリストの物語」というサブタイトルを持つ1925年の『ベン・ハー』だが、この映画にはイエスの復活シーンが描かれていない。しかしイエスは肉体の復活とは別の形で復活を遂げ、そのことが観客に伝わるようになっている。

主人公はイエスの死を嘆く家族に向かって、「彼は人々の心の中で永遠に生き続ける」と力強く宣言する。イエスは十字架で殺された敗者ではない。イエスは十字架で死ぬことによって、彼を信じるすべての人々の心の中に新たに生きはじめた。この場面で映画がモノクロームからテクニカラーの天然色に置き換えられたように、世界のすべてがイエスの説いた新しい世界へと生まれ変わる。

このラストシーンに復活したイエスの姿はない。しかしそこには、確かにイエスが生きているのだ。

ヘンリー八世の私生活
ローマ・カトリック教会に反逆した英国王の素顔

発売元：株式会社アイ・ヴィー・シー

作品概要
監督：アレクサンダー・コルダ
出演：チャールズ・ロートン、ロバート・ドーナットほか
製作国：イギリス
製作年：1933年

　全世界に8,500万人の信者を持つ聖公会（アングリカン・チャーチ）。ローマ・カトリック教会とも他のプロテスタント諸教会とも違う、独自の中道路線（ヴィア・メディア）を歩むこの教会が生まれたきっかけは、16世紀のイングランド王ヘンリー8世の離婚問題だった。この映画はその悪名高い国王の生涯を、都合6回に渡る彼の結婚生活に焦点を当てて描いた、残酷で、滑稽で、少しほろ苦い艶笑コメディだ。

【あらすじ】

　1536年、反逆罪で王妃アン・ブーリンが処刑されると、国王ヘンリー8世は愛人ジェーン・シーモアとの結婚式に急ぐ。その様子を冷ややかな目で見つめるのは、殺されたアンの侍女だったキャサリンだ。野心家の彼女の胸に、自分もいつか王妃になりたいという考えが芽生えた。

　翌年、新王妃のジェーンは王室待望の男児を出産した直後に死亡。キャサリンは王に接近して、まんまと愛人の地位を手に入れた。新たな正妃を望む家臣の勧めで王はドイツからアン・オブ・クレーヴズを4番目の妻に迎えるが、王は愛人のキャサリンに夢中。形ばかりの結婚を済ませた王はすぐに離婚し、愛するキャサリンを5番目の王妃にするのだが……。

【解説】

　シャルル・ペローやグリム兄弟の童話「青ひげ」のモデルになったとも言われる、イングランド王ヘンリー8世。彼は生涯に6人の女性と結婚したが、そのうち2人を断頭台に送り、親しい側近たちですら容赦なく首をはねる冷酷非情な王だったと言われる。だが彼は封建制から絶対王制に移行する歴史の流れの中で、父王ヘンリー7世の建てたチューダー朝の権力を強化し、娘エリザベス1世によるイングランド黄金期を準備した、スケールの大きな君主でもあった。

　彼の父ヘンリー7世は、1485年にリチャード3世を倒し、チューダー朝の初代国王になった。そして自分が倒したヨーク家から妻を迎えて国内の結束を強めると同時に、百年戦争以来の対立が続くフランスに対抗するため、長男アーサー

の花嫁として、スペインの王女キャサリン・オブ・アラゴンを迎え入れた。

　だが体の弱いアーサーは、結婚からわずか半年で病死。両国の関係を壊したくないスペインとイングランドの思惑もあり、未亡人となったキャサリンは新しい王太子となった弟ヘンリーと婚約。ヘンリー7世が1509年に亡くなると、18歳で新王に即位したヘンリー8世は、24歳のキャサリンと正式に結婚する。しかし彼女はなかなか子どもに恵まれず、何度もの流産や死産を繰り返した。無事に育ったのは、後にメアリー1世となる女の子だけ。男子誕生を望む王と側近たちは、この結果に満足できなかった。

　そんな中でヘンリーの愛人アン・ブーリンが妊娠した。ヘンリーは待望の男子誕生を期待したが、愛人が生んだ子では世継ぎになれない。世継ぎが欲しいヘンリーには、王妃と離婚してアンと正式に結婚する理由があったのだ。しかしローマ教皇に王妃の母国スペインから圧力がかかり、教会は離婚を認めない。業を煮やしたヘンリーは、イングランド教会をカトリックから分離させて離婚を強行し、アンと再婚したのだ。このとき生まれたのが後のエリザベス1世。しかし期待した男児が得られなかったことで、アン・ブーリンも結婚からたった2年でヘンリーの寵愛を失い処刑されてしまう。映画がスタートするのはここからだ。

　イングランドの宗教改革はヘンリー8世の離婚問題と結びつけられることが多いが、実際には教会内の改革派やそれに同調する政治家たちが、王の抱えていた事情を利用した面も大きい。背後にあったのは、諸侯が群雄割拠する中世の封建制から、中央集権化された絶対王制への移行という大きな時代の変化だ。そこでは、教会の持つ聖なる権威も、絶対君主の下に取り込まれる必要があった。

　王権の絶対的な力を担保する財源として、教会や修道院の持つ財産も魅力的だった。当時イングランドでは国土の3分の1を教会や修道院が所有していたが、ヘンリー8世は国内にあったすべての修道院を解体して財産を処分することを決めた。これによって得た膨大な資産をもとに、イングランドは海軍の整備を進め、エリザベス1世の時代にスペイン無敵艦隊を破るという快挙を成し遂げている。ヘンリー8世時代の宗教改革は、聖なる信仰心よりずっと生々しい、政治的・経済的な動機によるものだった。

　ヘンリーの死後、イングランドの宗教改革は息子エドワード6世に引き継がれた後、チューダー朝最後の統治者エリザベス1世の時代に完成する。だがその過程では、この映画に描かれた以上に大量の血が流されることになった。

麦秋（むぎのあき）
我らの日用の糧を今日も与えたまえ

発売元：株式会社アイ・ヴィー・シー

作品概要
監督：キング・ヴィダー
出演：トム・キーン、カレン・モーリーほか
製作国：アメリカ
製作年：1934年

1929年10月24日、ニューヨークの証券取引所で株価が大暴落し、世界規模で不況の連鎖が始まった。大恐慌の時代に突入したのだ。アメリカ政府は場当たり的な政策で経済を悪化させ、失業率は一気に25％に達してしまう。キング・ヴィダー監督の『麦秋（むぎのあき）』はそんな大恐慌時代のアメリカ農村部を舞台に、職を失った人々が共同農場の経営を通して再生して行く物語だ。

【あらすじ】

大恐慌時代のアメリカ。失業してアパートを追い出されたシムズ夫妻は、荒れ果てた農場で慣れない畑仕事をはじめる。そこにたまたま立ち寄ったのが、スウェーデン移民のクリス一家。職を探しているという彼らの話を聞いて、夫のジョンは「一緒に農場をやろう」と持ちかける。仕事がなくて困っている人たちは、他にも大勢いる。ジョンは農場脇の道路に看板を掲げて、自分たちと一緒に働く仲間を集める。

無人の農場にはあっと言う間に多くの家族が押し寄せ、手持ちの食料や財産を持ち寄って新しい農業共同体がスタートした。だが畑に種を蒔いても、秋の収穫までは無一文。農場の食料庫は底をつき、配給の食糧だけでは皆が腹を空かせるばかりだった。

【解説】

きっかけは「リーダーズ・ダイジェスト」だった。共同体組織による新しい農場経営の可能性を論じた記事を読んで、キング・ヴィダー監督は新しい映画を企画する。大恐慌直前の大ヒット作『群衆』（1928）の主人公夫婦に再登場してもらい、荒廃した農場の再生という新事業の現場で働いてもらうのだ。

だがこの企画に、ほとんどの映画会社はそっぽを向いた。不況が一時的なものなら、失業問題という時事的なテーマはすぐ古くなる可能性がある。それに、共同農場の経営という物語も、社会主義的すぎると考えたのだ。企画を諦められないヴィダー監督は、私財をなげうってこの映画を自主製作することにした。

ところで、映画に登場する共同農場は、初代教会の姿に似ていないだろうか。イ

エスの死後エルサレムに発足した教会では、「信者たちは皆一つになって、すべての物を共有にし、財産や持ち物を売り、おのおのの必要に応じて、皆がそれを分け合った」（使徒言行録2:44-45）。主人公のジョンはモーセのようなカリスマ的リーダーではなく、熱血漢でお調子者だった使徒ペトロの役回りだ。

成り行きまかせに都会から農場に引っ越し、思いつきのように共同農場をスタートさせるジョン。彼は農場が順調なときは機嫌がいいが、うまく行かなくなると途端に落ち込んでしまう。ペトロはネロ帝の迫害を避けるため、一度は仲間を捨ててローマから逃げようとしたという伝承がある。農場経営の重圧から逃げ出そうとしたジョンの姿も、それに似ているかもしれない。

だがこれこそ、ヴィダー監督が描こうとした「普通の人間」の偽らざる姿だった。人間は弱い。自分の行動に確信を持てず、すぐにぐらつき倒れてしまう存在だ。しかし周囲に支えてくれる仲間がいれば、人は思いがけない強さを発揮することがある。

原題の『Our Daily Bread』は主の祈りからの引用で、「わたしたちの日毎のパン」という意味。日本語では一般的に、「我らの日用の糧」と訳されている部分だ。日毎のパンを得るために、人は働かねばならない。それは苦しくもあり、楽しく喜ばしいことでもある。

「キリスト教では労働を神の罰だと教えている」と言う人がいるが、そんな話は嘘っぱちだ。仕事があること。共に働く仲間がいること。汗を流して家族を養っていくこと。そのすべてが素晴らしい。それは仕事を求めて農場に集まった人たちの悲しく寂しそうな顔が、仕事ができるとわかった途端に明るく輝く様子を見れば一目瞭然だ。

イエスの語った「ぶどう園の労働者のたとえ」（マタイ20:1-16）と同じだ。仕事を求めて朝から夕方まで広場に立ち尽くしていた男たちも、雇われたときにはきっと同じように晴れ晴れとした顔をしたことだろう。この映画は聖書の時代を描いているわけではない。しかしそこに描かれている人間の姿は、聖書の世界と何ひとつ変わっていない。

映画の中でもっとも感動的なシーンのひとつは、畑に植えた種が一斉に芽吹きはじめる場面だ。打ち捨てられ荒れ果てていた土地が耕され、そこに新しい命が沸き立つように芽生えてくる不思議。主人公たちの周囲に仲間たちが集まり、やがてごく自然に神への感謝の祈りが捧げられ、人々は頭をたれてひざまずく。

遠い昔から少しも変わらない、生命の神秘への畏敬の念がそこにはある。人々はその神秘的な光景の向こう側に、自分たちに向けられている神の恵みを感じ取るのだ。

レディ・イヴ
ヘビと美女に男はだまされた？

レディ・イヴ

DVD 5,040円（税込）
発売元：(株)ジュネス企画

作品概要
監督：プレストン・スタージェス
出演：バーバラ・スタンウィック、ヘンリー・フォンダほか
製作国：アメリカ
製作年：1941年

プレストン・スタージェスは、日本ではあまり知られていない名監督だ。監督した映画は13本。1940年代前半だけで8本もの作品があるが、アメリカと戦争中の日本で、彼の映画が上映されることはなかった。『レディ・イヴ』は彼の代表作のひとつ。だますべき男を愛してしまった女詐欺師の物語だ。テンポよく展開するドラマ、個性たっぷりの登場人物、全編に散りばめられたギャグの数々は、今でも観客をワクワクさせる。

【あらすじ】

　ヘビ学者のチャーリー・パイクは、有名ビール会社の御曹司。1年に渡る南米での調査を終えて帰国するため、豪華客船に乗り込んだ。同じ船に乗り合わせたジーンとハリーの父娘詐欺師コンビは、世間知らずのチャーリーをあっという間にカモにして大金を巻き上げる。しかしジーンは彼の素直で素朴な人柄を愛するようになり、詐欺師家業から足を洗うことを決意する。

　ところが警察の手配写真から、チャーリーに父娘の素性がばれてしまった。「君のことなんて愛してない」と言われてプライドを傷つけられたジーンは、チャーリーへの復讐の機会を狙いはじめる。それから数ヶ月後、チャーリーの目の前にジーンと瓜二つの女性イヴが現れた！

【解　説】

　1930年代から40年代にかけて、「スクリューボール・コメディ」という映画ジャンルが大流行した。スクリューボールとは野球で投手が投げる変化球の一種。男勝りのタフで美しいヒロインが、周囲の男たちをきりきり舞いさせるのが物語の典型的なパターンだ。

　フランク・キャプラの『或る夜の出来事』(1934) がその第1号。その後はハワード・ホークスの『赤ちゃん教育』(1938)や『ヒズ・ガール・フライデー』(1940)などが続いた。本作『レディ・イヴ』も、スクリューボール・コメディの代表的な作品とされている。

　『レディ・イヴ』に登場する「イヴ」とは、映画後半で登場するイギリス人令嬢（に扮した女詐欺師ジーンの変名）のこと。だが映画のオープニングでアニメーショ

ンのヘビが登場してリンゴを差し出して
みせることからも、これが聖書に登場す
る人類最初の女エバ（英語ではイヴ）の
意味を兼ねていることは明らかだ。ジー
ンはチャーリーとの最初の出会いの場面
でも、彼の頭に食べかけのリンゴを落と
している。ヘビとリンゴと、男と女。これ
は本作を読み解くキーになるモチーフ。
そこに「イヴ」まで登場するのだから、こ
れは現代版の創世記であり、男と女の犯
した罪と、楽園喪失の物語であることは
明らかなのだ。

　聖書に書かれているアダムとエバ（イ
ヴ）の物語ほど、多くの人に誤解されて
いるものはない。この物語は伝統的に、
愚かな女がヘビに騙されて禁断の木の
実を食べ、その女が何の考えもなしに男
に実を勧めたので、男もうっかり実を食
べてしまった話だと理解されている。パ
ウロも手紙の中で『アダムはだまされま
せんでしたが、女はだまされて、罪を犯
してしまいました』（テモテへの手紙一
2:14）と書いている。今もほとんどの人
は、こうした解釈を疑わない。

　だがエバがヘビの口車に乗せられて禁
じられた実を食べたとき、アダムは彼女
のすぐ横にいてその様子をながめていた
のだ。創世記には『女は実を取って食べ、
一緒にいた男にも渡した』（創世記 3:6）
と書かれている。「女が勧めたのでつい
食べてしまった」というのは、実を食べ
たことを神にとがめられたアダムの言い

訳に過ぎない。本当は男と女が揃って騙
され、同時に罪を犯している。アダムは
自分も騙されて実を食べたくせに、神を
恐れて逃げ隠れし、あげくの果てに犯し
た罪の責任をすべて妻に押し付けた。こ
のことは、本人たちが一番よくわかって
いることだろう。

　映画の中で、世間知らずのチャーリー
は女詐欺師のジーンにコロリと騙され
た。でも「騙された」というのはただの言
い訳で、本当はチャーリーが自分の意志
でジーンと一緒になる道を選んだのかも
しれない。騙したつもりが騙されて、騙
されたつもりになって相手を騙くらか
す。男と女の恋の駆け引きだ。

　物語の中ではジーンが一方的にチャー
リーを騙しているように見えるが、その
わりに映画の後味は悪くない。それは映
画を観る人たちの側にも、「チャーリー
もただ騙されていたわけではない」とい
う了解があるからに違いない。

　男と女の関係は、その歴史の第一歩目
から一筋縄では行かないものなのだ。

65

死刑執行人もまた死す
亡命者たちが作った反ナチス映画の傑作

作品概要
監督：フリッツ・ラング
出演：ブライアン・ドンレヴィ、ウォルター・ブレナンほか
製作国：アメリカ
製作年：1943年

発売元：株式会社アイ・ヴィー・シー

『死刑執行人もまた死す』は、1942年にドイツ占領下のチェコで起きたナチス高官暗殺の実話をもとに、圧制者に抵抗する市民たちの戦いを描いた作品だ。第二次大戦の真っ只中で作られた、反ナチス宣伝のためのプロパガンダ映画とも言えるだろう。監督のフリッツ・ラング、原案のベルトルト・ブレヒト、音楽のハンス・アイスラーは、ナチス政権が成立した直後にドイツを脱出し、アメリカに逃れた亡命者たちだった。

【あらすじ】

第二次大戦中、ドイツ占領下のチェコスロバキア。人々から死刑執行人と呼ばれ恐れられていたナチスの総督が、レジスタンスに暗殺された。

事件の直後、町で買い物をしていたマーシャは、警官に追われる男を見て逃走の手助けをしたが、彼こそ総督襲撃の実行犯だった。だが警察が張り巡らせた警戒網のため、逃げ場を失った男はマーシャの家に逃げ込んでくる。マーシャの父は男が総督襲撃犯であることを察しながら、翌朝まで彼を自宅に匿うことにした。

襲撃犯を取り逃がした警察は町の住民400人を捕らえて人質とし、犯人が捕らえられなければ全員を処刑すると通告する。このとき、マーシャの父も人質として捕らえられてしまった。

【解説】

ハリウッド映画100年の歴史の中で、黄金時代と言われているのは1930年代から40年代だ。映画がサイレントからトーキーになったこの時代、映画会社は台詞や音や音楽に精通した新しい人材の確保に躍起になった。アメリカ中の演劇関係者、舞台俳優、音楽家などが、次々に映画会社と契約。同じ頃、ナチスの迫害と第二次世界大戦の戦火を避けて、ヨーロッパからも大勢の映画人たちがハリウッドにやってくる。祖国を追われた彼らにとって、ハリウッドこそ乳と蜜の流れる新たな約束の地だった。こうした亡命映画人たちのおかげで、ハリウッド映画はそれまでにない高い芸術性を手に入れることができた。

『死刑執行人もまた死す』は、この時代のハリウッドを象徴する奇跡のような作

品だ。フリッツ・ラングはドイツ表現主義を代表する有名な映画監督だが、ユダヤ人だったことから、ドイツを脱出してアメリカに亡命した。原作者のベルトルト・ブレヒトは、彼自身が共産主義者、妻がユダヤ人だったことからアメリカに渡っている。音楽のハンス・アイスラーも、共産主義者でユダヤ人だったことから祖国を離れることになった。

他にも、製作者のアーノルド・プレスバーガー、映画冒頭でナチス高官を演じたハンス・ハインリヒ・フォン・トヴァルドウスキー、秘密警察のグルーバー警部を演じたアレクサンダー・グラナックなどは、1920年代から活躍するドイツの映画人たちだ。

しかし第二次世界大戦が終わると、様相が一変する。世界は東西冷戦に突入し、アメリカの仮想敵国は、ソ連などの共産国になった。戦時中にナチスのスパイ対策に設置された下院の非米活動委員会は、新たに国内の共産主義者たちを標的にするようになる。最初に目をつけられたのが、アメリカの映画産業だ。1947年に最初の聴聞会が行われ、召喚や証言を拒否した10人の映画関係者が議会侮辱罪で投獄される（ハリウッド・テン）。

このとき10人と同時に召喚されたのが、『死刑執行人もまた死す』の原作者ブレヒトだった。共産主義者で外国人でもあった彼は、投獄を恐れて最初の聴聞会直後に国外に脱出した。音楽を担当した

ハンス・アイスラーも委員会に呼び出され、証言後はアメリカ追放の憂き目を味わっている。ナチスに迫害されてアメリカに亡命してきた人たちを、ナチスのスパイを取り締まるために設置された委員会がアメリカから追い出したのだ。

1948年にはマッカーシー上院議員のセンセーショナルな演説で、アメリカの赤狩り熱が一気にヒートアップする。ハリウッドもこれに巻き込まれ、多くの映画人が職を失った。『死刑執行人もまた死す』で最終的な脚本を仕上げたジョン・ウェクスリーも、このときにハリウッドから追放されたひとりだ。

赤狩りはアメリカの映画界に大きな傷を残す。この時代に多くの人材を失ったことも、1950年代以降にハリウッド映画が凋落した一因だろう。家族や親しい友人が互いを密告し合う赤狩りは魔女狩りに例えられ、人々の心に相互不信と疑心暗鬼を生み出した。

劇作家のアーサー・ミラーも、この時期にハリウッドを離れた。彼は実在した魔女狩り事件をもとに「るつぼ」（1953）という戯曲を書き、密告や偽証が横行する赤狩りを批判している。この戯曲はフランスで『サレムの魔女』（1956）という映画になったが、その音楽を担当したのは、『死刑執行人もまた死す』の音楽を担当し、その後に赤狩りでアメリカを追放されたハンス・アイスラーだった。

素晴らしき哉、人生！
映画史に残る失敗作のふしぎな復活劇

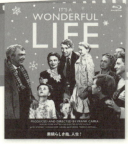

発売元：株式会社アイ・ヴィー・シー

作品概要
監督：フランク・キャプラ
出演：ジェームズ・ステュアートほか
製作国：アメリカ
製作年：1946年

『素晴らしき哉、人生！』は、映画ファンなら誰もが認める傑作映画だ。アメリカでは『三十四丁目の奇蹟』(1947)や『クリスマス・キャロル』(1938など)と共に、クリスマスシーズンにテレビ放送される定番作品。監督や出演者たちにとっても、生涯の代表作となっている。だがこの映画は、最初から高い評価を受けていたわけではない。当初は興行的に不調で、批評家からもほとんど相手にされない完全な失敗作だった。

【あらすじ】

　アメリカ東部の小さな田舎町。ジョージ・ベイリーの夢は、世界中を飛び回る仕事に就くことだった。だが大学進学直前に父が急逝し、彼は家業の住宅ローン会社を継ぐことになる。
　ジョージは仕事に打ち込み、住宅ローン会社の事業を少しずつ大きくしていった。だがそれを面白く思わないのは、町を牛耳っている資産家のポッターだ。ポッターはあの手この手でローン会社の仕事を妨害する。
　あるクリスマスイブの日、ジョージの会社から8,000ドルの現金が紛失した。叔父の手違いで、銀行に入金するはずの金がポッターの手に渡ってしまったのだ。ポッターはジョージに横領の濡れ衣を着せ、追い詰められたジョージは自殺を考えるのだが……。

【解　説】

　この作品に対する高い評価は、今では確定したものになっている。映画ファンや評論家が選ぶ歴代映画ランキングでは常に上位に入る作品であり、この高評価は今後100年たっても大きく変わることはないだろう。
　物語の主人公のジョージ・ベイリーは、正直に生きている善良な男だ。しかしそんな彼に、次々と不運や不幸が襲いかかる。だが彼は明るい気性で何事も前向きにとらえ、幾多の困難を乗り越えて行くのだ。しかしいよいよ土壇場の窮地に追い込まれたときに彼が発したのは、「自分は生まれてこなければよかった」という絶望の言葉だった。
　聖書の中にも、似たようなことを言った男が登場する。彼も正直で善良な男だったが、築き上げた財産と愛する家族をすべて

失い、自身も重い病にも苦しめられた。苦境の中でも決して神を呪わなかった男は、耐え難い苦痛の中でつぶやく。「わたしの生まれた日など消えてしまえ。なぜわたしは母の胎内で死んでしまわなかったのか」と。この男の名をヨブという。

旧約聖書のヨブ記はその後多くの文学作品に影響を与えているが、『素晴らしき哉、人生!』もまた、ヨブ記の影響を受けた作品に違いない。20世紀のアメリカを舞台にした映画の中には、聖書の世界が隠されているのだ。

監督のフランク・キャプラは貧しいイタリア移民の家庭から映画業界に入り、生涯に3度のアカデミー賞を受賞したアメリカン・ドリームの体現者だ。キャプラが称賛を浴びていた1930年代は、紛れもなくハリウッド映画の黄金期。この時代のハリウッドでナンバーワンの評価を受けたキャプラは、その時代に全世界でナンバーワンの監督だったと言っても過言ではない。

そのキャプラにとって、『素晴らしき哉、人生!』は戦後初めて製作する5年ぶりの新作であり、自ら設立したリバティ・フィルムの記念すべき第1回作品でもあった。そこに賭けるキャプラの意気込みは、並々ならぬものだったはずだ。主演のジェームズ・スチュワートは、『我が家の楽園』(1938)や『スミス都へ行く』(1939)でコンビを組んでいるキャプラお気に入りの人気俳優。物語に描かれる数十年にわたる時代と季節の変化を表現するため、スタジオには巨大な街並みのセットが組まれた。

ところがこの映画が、想定外の大失敗作となる。映画館は不入りで製作費は回収できず、業界内の評価も伸び悩んで、アカデミー賞の受賞はゼロに終わった。キャプラが立ち上げたリバティ・フィルムは、この1作限りで事実上消滅。映画の権利を買い取った大手映画会社は、「商品価値なし」と見なして本作の著作権更新手続きすら放棄してしまった。映画史の七不思議というものがあるなら、『素晴らしき哉、人生!』の失敗もその中に入るに違いない。

だがそれから20年ほどたって、この映画は再び脚光を浴びるようになる。著作権使用料を支払う必要がない気安さから、アメリカのテレビ局がクリスマス・シーズンになると繰り返しこの映画を放送するようになったのだ。その結果、初公開から数十年を経て、『素晴らしき哉、人生!』はアメリカ人が最も愛する映画の1本になった。

観客に見向きもされず、一度は見捨てられて死んだ映画が、不思議な運命をたどって映画史に残る傑作となる。こんなことは、映画の歴史の中でそう何度も起きるものではない。この映画がたどった死と復活、そして今後も続くであろう永遠の命こそ、この映画のもっとも聖書的な要素かもしれない。

拳銃無宿
ジョン・ウェインによる西部劇版「放蕩息子の帰還」

発売元：株式会社アイ・ヴィー・シー

作品概要
監督：ジェームズ・エドワード・グラント
出演：ジョン・ウェインほか
製作国：アメリカ
製作年：1947年

　父の財産を相続して家を飛び出した息子が、放蕩生活のあげく無一文になり、改心して再び父の家に帰ることを決意する。ルカによる福音書にある有名な「放蕩息子」のたとえ話は、さまざまな小説や映画にインスピレーションを与えてきた。本作『拳銃無宿』も、そんな作品のひとつに違いない。堅実な農夫の仕事を嫌って命知らずのガンマンになった男が、信心深い農夫の家族に出会うことで自分の生き方を変える物語だ。

【あらすじ】

　敵に撃たれて重症を負ったクワート・エバンスは、偶然出会ったウォース家の人々に助けられて命拾いする。ガンマンとして暴力の世界に生きてきたクワートにとって、敬虔なクエーカー教徒であるウォース家の人々の暮らしや考え方は、新鮮なものだった。

　はじめて味わう平和で穏やかな生活。クワートは一家の長女ペニーに心を奪われ、彼女もまたクワートを愛するようになって行く。だが彼を追う保安官のマクリントックは、ならず者のクワートは必ずまた罪を犯すだろうとペニーに警告するのだった。

　昔の仲間たちとの乱暴で冒険に満ちた生活に戻るか、それともペニーたちと一緒に農民として平和に暮らすべきかで、クワートは悩むのだが……。

【解説】

　本作『拳銃無宿』は、西部劇の大スターだったジョン・ウェインが、生涯ではじめてプロデュースした作品だ。映画スターにとって、プロデューサーと主演を兼ねる作品は、本当の意味で「自分が作りたい映画」や「自分が出演したい映画」に違いない。

　映画が作られた1940年代は、ハリウッドの西部劇にとってまさに黄金時代。目の肥えた観客のために、本作には西部劇に付きものの定番シーンが次々登場する。広大な大平原。牧歌的な農場の風景。インテリで皮肉屋の医者。美しい娼婦たち。牛の群れの暴走。馬と馬車を使ったホース・チェイス。酒場での乱闘。一人対多数での銃撃戦などだ。砂漠の中に巨大な岩山が林立するモニュメント・バレーも、当時の西部劇には欠かせない風景

となっている。

だがこの映画はジョン・ウェイン主演作には珍しい恋愛映画で、彼が出演した西部劇の中では最もロマンチックな作品だと評する人も多い。オープニングを例外として、劇中で主人公が１度も銃を撃たないユニークな西部劇でもある。

原題は『天使と悪党』。単純に考えれば、これはヒロインのペニーが天使で、ジョン・ウェインが演じるガンマンのクワートが悪党という意味なのだろう。だがこの映画にはもうひとりの天使が現れる。それはクワートを執念深く追いかけ回し、「いつか縛り首にしてやる」を口癖にする保安官マクリントックだ。彼は善と悪との間で揺れ動くクワートの前に立ち塞がり、彼が悪の道に進みそうになるたびに強い警告を与える。

この老保安官は、初登場シーンから何度も、主人公たちに気付かれないまま突然現れる。最初の登場シーンでは馬に乗ったまま音もなくペニーに近づくが、そんなマクリントックを恐れてペニーの馬が後ずさりしている。動物は人間には見えない天使を恐れて、後ずさりするものなのだ。また天使は人間に対して、未来を予告する存在でもある。マクリントックはクワートに「あの娘は将来、本物の農夫と結婚する」と言うが、これは結果として、クワートのその後の人生を言い当てるものになった。

ところで、映画に登場するフレンド派の信徒（クエーカー教徒）たちは、互いに呼びかけるときに「you」を使わず、古い英語の二人称である「thou」を使っている。映画の字幕では「なんじ」と訳されているが、劇中ではこれが同じ信仰を持つ友人同士や家族の中で通じる、親しみを込めた呼びかけだと説明される。

主人公がフレンド派の集会に参加する場面で、女性信徒が子どもたちに読み聞かせているのはマタイによる福音書19章にある「金持ちの青年」のエピソード。ここでは神（イエス）が人々に向かって「なんじ」と呼びかけているが、この言葉が使われることで、聖書の神が人々と同じ目の高さから、親しみを込めて語りかけていることが伝わってくる。

聖書の神は高みから人を見下ろし、愚かな人間たちに何かを命じる神ではない。ごく親しい特別な友人、血を分けた肉親や兄弟のように話をする神だ。共に暮らす家族や、仲睦まじい恋人同士のように、人々と同じ目の高さから、優しく語りかける神なのだ。

「金持ちの青年」のエピソードは、イエスが裕福な青年に「持っているすべてを捨ててわたしに従いなさい」と呼びかける話だった。『拳銃無宿』はクワート・エバンスという無法者の青年が、それまで手にしたすべてを捨てて、新しい人間へと生まれ変わる物語になっている。

禁じられた遊び

戦後のフランス映画を代表する名作

作品概要
監督：ルネ・クレマン
出演：ブリジット・フォッセー、ジョルジュ・プージュリーほか
製作国：フランス
製作年：1952 年

発売元：株式会社アイ・ヴィー・シー

ナルシソ・イエペスのギターが奏でるテーマ曲で有名な『禁じられた遊び』は、フランスの名匠ルネ・クレマン監督にとって『太陽がいっぱい』（1960）と並ぶ代表作だ。1952年のベネチア国際映画祭で金獅子賞を受賞したほか、アカデミー賞の外国語映画賞、イギリスのBAFTA作品賞など数多くの賞を受賞。日本でもブルーリボン賞やキネマ旬報の外国語映画賞を受賞するなど、当時の人々の心を鷲づかみにした。

【あらすじ】

　1940年夏、パリを脱出した市民の列にドイツの戦闘機が襲いかかる。この攻撃で両親を失った5歳の少女ポレットは、近くの村に保護されることになった。農家の息子ミシェルは、ポレットを妹のように可愛がる。

　そんな中、自分の両親がどこかの墓地に埋められたと聞いたポレットは、ミシェルにたずねる。「墓地ってなに？」「いろんなお墓がたくさん集まってるところさ」「死んだらみんなお墓が必要なの？」「そうさ。それに十字架も必要になる」。

　ポレットとミシェルは古い水車小屋の近くにさまざまな小動物の墓を作り、それを飾るための十字架を集め始める。それは子どもたちだけが知る、禁じられた遊びだった。

【解　説】

　この映画が日本で公開されたのは昭和28年（1953年）。サンフランシスコ講和条約で、日本が主権を回復した翌年のことだ。戦後の混乱は終わり、平和な時代がやって来た。人々は日々の慌ただしい生活に追われていたが、そこにはまだとあるごとに、戦時中の出来事が暗い影を落としていた。

　この時代には映画の世界でも、戦争の記憶と傷痕をテーマにした作品が次々に作られている。本作の日本公開と同じ年には、今井正の『ひめゆりの塔』が公開されている。空前の大ヒットとなった『君の名は』（アニメではない）や小津安二郎監督の『東京物語』も、戦争の生み出した傷痕を主要なモチーフにしていた。

　『禁じられた遊び』に登場する子どもたちは、そんな時代に映画を観ている人

72　第 3 章　名作からキリスト教を読む

たちにとって身近な存在だったに違いない。終戦からわずか8年。それはほんの少し前の自分たち自身の姿であり、自分たちの身の回りにいた親しい友人や家族、周囲のいたるところで見かけた貧しい子どもたちの姿でもあった。

映画の公開から60年以上がたった。日本からは戦争の傷が消え去り、戦時の風景は映画の中だけのものになっている。しかし世界では今もまだ、新しいポレットとミシェルが生み出されていることを忘れてはならないだろう。

反戦映画の古典的名作と言われることが多いこの映画だが、そこには時代が変わっても変わらぬものが描かれている。それは都市と地方の関係だ。

映画ではポレットとミシェルの交流を通して、都市部と地方農村地帯との文化的な対比が行われている。両者の違いは、生活のすべての面に及ぶ。例えば都市部で暮らしていた少女ポレットは、若い両親と子どもひとりだけの核家族。自家用車を持ち、ペットの犬を飼う中産階級の暮らしをしている。一方、農村部に住むミシェルの家は、両親を中心に、大勢の息子や娘たちが暮らす大家族だ。

都市部と地方の感覚や生活習慣の違いを象徴的に描いているのは、ミシェルの家族がポレットに牛乳を飲ませようとする場面に違いない。コップの中で生ぬるくなり、成分が分離し脂が浮いている牛乳に、ポレットは口を付けることができ

ない。しかも牛乳の中には、ハエの死骸まで浮いているのだ。親切な家族はハエの死骸をつまみ出すと、その牛乳をポレットに再び押し付ける。

宗教に対する感覚も、都市部と地方とでは大きく異なっている。フランスは伝統的にカトリック信者の多い国だが、19世紀後半から政治的には政教分離が進められ、公立学校での宗教教育も禁じられた。こうした変化の中で、都市部では人々の教会離れが加速して行く。都会で生まれ育ったポレットが神様も十字架もお祈りも知らないまま育ったのは、決して不自然なことではない。だが同じフランスでも、地方ではまだ昔ながらの素朴な信仰が生きている。祈りが生活の中に根付き、教会通いが日常の中の風景に溶け込んでいる。

宗教に対する都市部と地方の感覚の違いは、現代の日本でも見られるものだ。都市部のマンションやアパートで暮らす核家族の住まいには、仏壇もなければ神棚もないのが普通だろう。しかし地方に行けば、仏壇に供物を捧げ、毎朝線香を立てて手を合わせるという生活が今でも普通に残っている。

『禁じられた遊び』に登場する都市部と地方農村部の宗教文化の違いが、日本では今も生き続けているのだ。

73

七つの大罪

七人の監督による七つの罪の風景

発売元：株式会社アイ・ヴィー・シー

作品概要
監督：エドゥアルド・デ・フィリッポほか
出演：パオロ・ストッパほか
製作国：フランス
製作年：1952年

　キリスト教の「七つの大罪」をモチーフに、7人の映画監督が7つのエピソードを綴るオムニバス映画だ。といっても、深刻でお説教臭い映画ではない。ジェラール・フィリップ扮する遊園地の呼び込みをホスト役に、ファンタジー、スリラー、コメディなど、切れ味鋭い7本の短編映画が楽しめる趣向になっている。あまり肩肘張ることなく、往年のフランス映画が持つエスプリ（粋や洒落っ気）を楽しんでほしい。

【あらすじ】

　たくさんの乗り物や出し物が並ぶ遊園地。射的屋の若い男が威勢のいい呼び声で客を集めている。ここでは「七つの大罪」をモチーフにした人形めがけて、客がボールをぶつけるのだ。

　ボールが命中するたびに、男がその罪についての物語を始める。「貪欲と憤怒」は、金に執着する男と浪費家の妻のいさかい。「怠惰」では、せわしない人間界に怠慢の女神が送り込まれる。田舎町で13歳の少女が妊娠したと告白する「淫欲」の物語。愛猫家の画家と美しい妻を巡る「嫉妬」。「美食」は自動車のトラブルで一夜の宿を借りる男の話。7番目の「高慢」は、零落した良家の母子の物語だ。だがその後に、射的屋の男によって「第8の罪」の物語が披露される。

【解　説】

　「七つの大罪」とは、ヨーロッパのキリスト教社会で「あらゆる罪の源泉」と考えられた7つの悪徳のことだ。これは現在でも、ローマ・カトリック教会が「七つの罪源」としてリスト化している。中身は、高慢・貪欲・肉欲・憤怒・貪食・嫉妬・怠惰の7つだ。これらの悪徳はそれ自体が罪であると同時に、他のあらゆる罪を生み出す災いの種子となる。

　プロテスタント教会はこうした悪徳のリストを持たないが、「七つの大罪」はキリスト教美術や文学などの芸術作品を通して、広くキリスト教社会の中で知られる概念となっている。キリスト教にそれほど親しみがあるわけではない日本でさえ、仏教の三毒や六大煩悩よりも、「七つの大罪」の方が有名だ。（日本には「七つの大罪」というマンガ作品があり、アニ

メ化もされている。）これは7つの悪徳が誰にとっても身近で、具体的にイメージしやすいからに違いない。要するに、物語化しやすいのだ。

映画の黄金時代と言われる1930年代、フランス映画は質と量の両面で黄金時代を迎えていた。ルネ・クレール、ジャック・フェデー、ジュリアン・デュヴィヴィエ、マルセル・カルネ、ジャン・ルノワールなどの巨匠が活躍し、往年の映画ファンが愛する詩情豊かなフランス映画が量産されていた。世界中の人々が「フランス」や「パリ」という地名を聞いて思い描くイメージの多くは、この時代のフランス映画によって作り出されたと言っても過言ではない。

だがこの時代に作られた良質なフランス映画の伝統は、1950年代末から60年代にかけて完全に否定されてしまった。世界的ブームを巻き起こしたヌーヴェルヴァーグの作家たちが、それ以前のフランス映画に否定的なレッテルを貼って封印してしまったのだ。

1952年に製作された本作『七つの大罪』は、戦前のフランス映画が持っていた詩的リアリズムの伝統を受け継いだ、いかにもフランス映画らしいフランス映画だ。しかも単なるフランス映画のショーケースではなく、イタリアからネオリアリズムの巨匠ロベルト・ロッセリーニを招いて1エピソードを担当させるなど、新しい映画の流れに対する配慮もな

されている。ロッセリーニはヌーヴェルヴァーグにも大きな影響を与えた映画監督であり、本作は古き良きフランス映画の伝統と、やがて来る新しいフランス映画の新しい波をつなぐ架け橋のような作品になっている。

この映画が他の「七つの大罪」と大きく異なるのは、最後に「8番目の罪」を挿入していることだろう。薄暗い路地裏に停車したタクシーから、立派な身なりの枢機卿と水兵が降りて、ある建物へと入って行く。中には半裸の黒人男、少女を誘惑する不気味な中国人、全裸の美女など、いわくありげな人々が待機する。やがて彼ら全員が、隣にある別の部屋に呼び出されるのだが……。

これは人間の「想像力」こそ、教会が指摘しなかった最大の罪であるというオチなのだ。呼び込みの男がカメラ目線で観客を挑発するが、それはこの最後の罪からは誰も逃げられず、この世に潔白な者は誰もいないという意味だ。

この映画がヒットしたことで、フランスでは『新・七つの大罪』（1962）、日本でも『団地・七つの大罪』（1964）というオムニバス映画が製作された。想像力という「8番目の罪」がある限り、人間は「七つの大罪」の物語を作り続けるのだ。

75

76　第 **3** 章　名作からキリスト教を読む

神なき時代のキリスト教映画

誰もが豊かさを求める安全で清潔な現代社会。
それは神への信仰を素直に表明しにくい社会でもある。
全知全能の神に祈ることを忘れて久しい現代人に、
神や信仰の意味は何なのかを問いかける映画がある。

第4章

汚れた顔の天使
親友のために罪を背負った男

DVD 2,980円＋税
ワーナー・ブラザース ホームエンターテイメント
©2005 Warner Bros. Entertainment Inc. All Rights Reserved.

作品概要
監督：マイケル・カーティス
出演：ジェームズ・キャグニーほか
製作国：アメリカ
製作年：1938年

1930年代のハリウッドは、スタジオシステム全盛時代。大手映画会社にはそれぞれの得意ジャンルがあり、ワーナー・ブラザースの十八番は男くさいギャング映画だった。ジェームズ・キャグニー主演の本作は、その中でも傑作とされる作品のひとつだ。監督は、この4年後に『カサブランカ』(1942)でアカデミー賞を受賞するマイケル・カーティス。脇役時代のハンフリー・ボガートも、弁護士役で出演している。

【あらすじ】

　悪ガキ仲間のロッキーとジェリーは、同じ町で育った幼なじみの親友だ。だがふたりで貨車に盗みに入った際、逃げたジェリーをかばって、ロッキーはひとり罪をかぶった。これをきっかけに、ロッキーはすっかり札付きの悪党になってしまう。

　15年後、刑務所を出たロッキーが久しぶりに町に戻ってくる。神父になったジェリーは暖かく彼を迎え、町の不良少年たちは羽振りのいい「悪党」を憧れの目で見つめる。

　ロッキーはかつて仲間だった悪徳弁護士フレイザーを脅し、まんまと10万ドルをゆすり取ることに成功。だが彼らが、ロッキーの好き勝手な振る舞いを許すはずがない。ロッキーは殺し屋たちに命を狙われるようになる。

【解説】

　短編小説の名手として知られるO・ヘンリーに、「二十年後」という作品がある。ニューヨークの同じ町で育った親友同士が、20年たって再会する物語だ。ひとりは故郷の町を出てから裏社会の大物になり、もうひとりは警官になっている。

　ひょっとするとこの映画は、ヘンリーの小説をヒントにしているのかもしれない。ただし親友同士は15年の歳月を経て、ひとりはギャングに、ひとりは神父になっている。

　物語の中心になるのは、同じ町で生まれ育った3人の男女だ。札付きのギャングになるロッキー・サリバン、神父になるジェリー・コノリー、下宿屋の手伝いをしているローリー・ファーガソン。映画の中ではっきり説明されているわけではないが、サリバン、コノリー、ファーガ

ソンは、どれもアイルランド系移民に多い姓だ。アメリカのアイルランド系移民は貧しいカトリック信徒が多く、映画の主人公たちも全員がアイルランド系カトリックのコミュニティに属している。

映画の中で、ロッキーと教会の関わりがよくわかる場面がある。刑務所を出て町に戻ってきたロッキーが教会に入り、ジェリーの指揮する聖歌隊の歌に合わせて口を動かすシーンだ。ロッキーにとってもそれは馴染みの聖歌であり、教会に長く通わなくなった今でも、そらで口ずさめるほど体に染みついている。だが同じ環境で育ったジェリーは聖職者への道を選び、ロッキーは道を踏み外してギャングとしての悪名を馳せることになった。教会も聖書の教えも、彼が悪の道を歩むことを止められない。

教会から離れているのはロッキーだけではない。この時代には多くの人が教会から離れ、神父が尊敬されたり、一目置かれることが少なくなっていた。人々はその日の暮らしに精一杯で、神父を「口うるさい道徳家」ぐらいに考えている。教会の権威は失われ、神父の言葉も人々の心に響かず空回りするばかりだ。

それにしても、ジェリーはなぜ神父になろうとしたのだろうか？　ロッキーに同じ質問をされたジェリーは、「バスに乗っていたら教会があったからだ」と答えている。だがもちろんこれは、事実ではないだろう。おそらく本当のきっかけ

は、ジェリーのロッキーに対する「負い目」だったに違いない。ふたりは一緒に盗みに入ったが、たまたま捕まったのはロッキーだけだった。ロッキーは「自分も自首したい」と言うジェリーを引き止め、ひとりで罰を受けている。自分の罪をかぶって罰を受けたロッキーに、ジェリーは人間の罪を背負って十字架にかけられたキリストの姿を重ねたのだ。ジェリーは親友ロッキーの向こうに、人々の罪を赦すキリストを見ている。

この映画の観客たちがロッキーを好きになってしまうのは、演じているジェームズ・キャグニーの魅力に加え、ロッキーのジェリーに対する友情が混じりっけなしの本物として描かれているからだ。ロッキーは親友を決して裏切らない。ロッキーはジェリーを愛し、常に彼の信頼に応えたいと願っている。だがその友情が真実だとしても、ロッキーが反社会的な犯罪者であることは変わらない。彼は法に触れる仕事で大金を手にし、平気で拳銃をぶっ放し、必要とあらば昨日までの仲間をあの世に送り、ためらうことなく警官を射殺する凶悪犯なのだ。

ロッキーは人生の最後まで、とうとうキリストに出会うことができなかった。現代社会では、神に出会うことのいかに困難なことか……。

79

少年の町

神に祈る男と、神を知らない少年

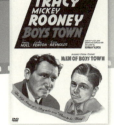

DVD 1,429円＋税
ワーナー・ブラザース ホームエンターテイメント

作品概要
監督：ノーマン・タウログ
出演：スペンサー・トレイシーほか
製作国：アメリカ
製作年：1938年

　往年の名優スペンサー・トレイシーが、前年の『我は海の子』に続いて2年連続、2回目のアカデミー主演男優賞を受賞したのが『少年の町』だ。トレイシーはこの映画で実在のカトリック神父を演じているが、当時の伝記映画の多くがそうであったように、物語にはフィクションも多く含まれている。例えば映画の後半にはミッキー・ルーニーが演じる不良少年が登場するが、この傲慢で反抗的な少年のエピソードは映画独自の創作部分だ。

【あらすじ】

　教誨師として死刑囚の最期に立ち会ったフラナガン神父は、処刑される男が不幸な子ども時代を送ってきたことに心を痛める。貧しさや家族の愛情に欠けた環境の中で、盗みなどの犯罪に手を出す子どもたちが多いのだ。

　神父は友人の支援を受けて、少年たちのための施設を開設。それは数年後に「少年の町」へと発展する。だが新しい町にとって、資金ぐりは常に悩みの種。外部からの批判も多かった。

　ある日、少年の町に、不良少年のホワイティがやってくる。町の幹部になるとさまざまな特権があると知って、彼は市長選挙に立候補することを決めた。だがなり振り構わぬ強引な選挙キャンペーンは、町で暮らす他の少年たちの反発を招いてしまう。

【解　説】

　この映画の主人公はふたりいる。少年の町を作ったフラナガン神父と、町にやってくるホワイティという不良少年だ。映画の前半はフラナガン神父が町を作るまでの苦労話。後半は、神父に反発していたホワイティが、町の一員になるまでの物語になっている。

　ふたりは対照的な人間だ。フラナガン神父は成熟した大人であり、ホワイティは大人ぶっていてもまだ分別のない子ども。神父は「もともと悪い人間などいない。悪いのは周囲の環境だ」を信条とする聖職者だが、ホワイティは人が生きるのは自分の利益と欲望を満足させるためだと信じている。彼にとって人間同士の人格的な交流などあり得ない。世の中はすべて取引なのだ。

　エドワード・ジョゼフ・フラナガン神

父は実在の人物で、映画に登場する「少年の町」も実在する。神父は1917年にネブラスカ州オマハに少年のための施設を開設。1921年に郊外の農地を手に入れて移転し、100人以上の子どもたちが共同生活を送る少年の町へと発展した。映画の中でも紹介されているが、町には子どもたちが運営する学校や寮があり、子どもたちが自分たちで市長や委員を選ぶ自治組織がある。この映画が作られる少し前の1936年、少年の町はネブラスカ州の自治体として正式に認められ、名実共に本物の「町」になった。フラナガン神父と少年の町について、脚色はあっても、映画は事実をかなり忠実に描いている。

これに対して、不良少年のホワイティ・マーシュは、映画用に作られた架空の人物だ。映画後半のドラマはホワイティ中心に進行するのだが、この小生意気な不良少年は決して祈ることのできない人物として描かれている。フラナガン神父は祈る人であり、少年の家で暮らす他の少年たちも食前に祈りを捧げ、傷ついた仲間の回復を願って祈る。だがホワイティは祈ることができない。食前の祈りはともかく、自分を慕う少年が事故に遭って生死の境をさまよっているときですら、彼は祈らない。祈ることができないのだ。

この映画は祈ることができない人間が、いかにして救われるかを描いた映画でもある。映画の最後にホワイティが神に感謝の祈りを捧げたなら、これは信仰の回復や悔い改めを描いた宗教映画になってしまっただろう。だが映画はそうした結末を迎えない。ホワイティは決して祈ることがない。ぎりぎりでキリスト教信仰の側には足を踏み入れず、世俗的な「キリスト教的ヒューマニズム」に踏みとどまるのだ。だがこのことで、映画はどんな宗教を信じる人にも受け入れられる、普遍性を持つことになった。

主演はスペンサー・トレイシー（本作でアカデミー主演男優賞受賞）とミッキー・ルーニー。しかしこのふたり以上に観客の心をわしづかみにするのは、幼いピーウィーを演じたボブ・ワトソンだ。3人は本作の続編『感激の町』（1941）にも出演している。ワトソンはこの映画への出演が契機となって神学校に入学し、俳優業を続けながら30年に渡って牧師として活躍したという。

映画のモデルになったフラナガン神父は1948年に亡くなっているが、神父の死後も少年の町は継続拡張されて、現在でも全米12ヶ所で施設を運営している。

彼は亡くなる前年にGHQの要請で終戦直後の日本に招かれ、戦災孤児や引き上げ孤児の対策に助言を行った。このとき、神父の提案でスタートしたのが、赤い羽根の共同募金だ。

狩人の夜
信仰の闇が生み出したモンスター

【作品概要】
監督：チャールズ・ロートン
出演：ロバート・ミッチャムほか
製作国：アメリカ
製作年：1955 年

20世紀フォックス ホーム エンターテイメント ジャパン
©2016 Metro-Goldwyn-Mayer Studios Inc. All Rights Reserved.
Distributed by Twentieth Century Fox Home Entertainment LLC.

福音書の記述によれば、荒野で断食するイエスに近づいた悪魔は、聖書を巧みに引用しながら誘惑の言葉をささやいた。悪魔ですら聖書を引用するのだ。ならば同じように聖書を引用するのに長けた人間が、それだけで正しいなどとはとても言えまい。この世には聖書を利用して自分の欲望を満たす、悪魔のような人間が少なからず存在する。それは偽預言者、羊の皮をかぶった狼。本作に登場するのも、そんな人間のひとりだ。

【あらすじ】

　強盗殺人の罪で逮捕されたベンは、盗み出した１万ドルの隠し場所を息子のジョンとパールに伝えた直後に逮捕され、そのまま処刑される。

　同じ頃、行く先々で未亡人を殺して金を奪っていた伝道師のハリーは、車泥棒の罪で逮捕されて処刑前のベンと同房になった。ハリーはベンの寝言から、隠された１万ドルの秘密を子どもたちが知っていることに気づく。

　ベンの処刑後に刑務所を出たハリーは、さっそくベンの家に向かい、彼の元妻ウィラを言葉巧みに口説いて彼女と結婚した。もちろんこれは、金の隠し場所を知っている子どもたちに近づくためだ。やがてウィラは新しい夫の本当の目的に気づくが、そのときはもはや手遅れだった……。

【解　説】

　カルト宗教による詐欺的な犯罪が世間を騒がせるたびに、「こんな宗教は金儲けが目的のニセモノだ」という批判の声があがる。だがそれは事実だろうか？

　「彼らは宗教家の名を騙る、職業的な詐欺師だ！」と断罪できれば話は簡単だ。彼らの目的は信仰ではなく金だ。宗教は人を騙すための道具に過ぎず、語っている本人すらそれを本気で信じてはいない。だが犯罪的な宗教家の中には、自分の話す内容を本気で信じている者も少なくないから話はややこしい。

　映画に登場するハリー・パウエルは、行く先々で盗みと殺人を繰り返す冷酷な犯罪者だ。だが彼は自分自身のことを、神の召命を得た牧師だと信じているらしい。彼が殺人を犯すのは罪深い女たちを罰しろと神が命じているからであり、被

害者の金を奪うのは、それを神の働きのために有効活用するためなのだ。

これを彼自身が、どの程度本気で信じているのかはわからない。だが映画を観る限り、ハリーの「信仰」に偽りはないように見える。彼は本気で神を信じ、神のために人殺しをしているのだ。

もちろん「ハリーは犯罪の言い訳に宗教を利用しているだけで、信仰は真っ赤な偽物だ」と考える人もいるだろう。しかしこの映画のハリーの言動には、彼を単なる「偽牧師」とは思わせないだけの迫力がある。彼が口先だけで信仰を語る詐欺師や犯罪者なら、さして恐ろしい人物ではないのかもしれない。だがハリーの恐ろしさは、彼の犯罪が宗教的な情熱によって、確信を持って行われていることなのだ。彼は神に対する信仰があればこそ、何のためらいもなく平気で人を殺すことができる。無抵抗な女性や子どもを殺しても、彼の良心は痛まない。歪んだ聖書理解と信仰が生み出したモンスターが、ハリー・パウエルだ。

この映画はディヴィス・グラッブの同名小説を原作とするフィクションだが、殺人牧師のハリーにはモデルとなる実在の殺人鬼がいる。1930年代に女性と子ども合わせて5件の殺人で有罪となり、絞首刑になったハリー・F・パワーズという男だ。また、同時代のアメリカには、各地で伝道集会を開いて貧しい人たちから金を巻き上げる、詐欺師まがいの巡回伝道師が多数存在した。原作者のグラッブはこの二つを組み合わせて、神の名を語りながら女子どもを手にかける、おぞましい殺人犯を作り上げた。

ハリー・パウエルは極端な例かもしれないが、彼に似た人物は我々の周囲にも大勢いるのではないだろうか。例えば、立て板に水の流暢さでその場しのぎの言葉をまくし立て、自分の思うとおりに人々を誘導して行く政治家たちだ。彼らを「嘘つき！」と批判しても意味はない。彼らは自分で自分の言葉を信じ込んでおり、嘘をついているという自覚がないからだ。それどころかむしろ、自分は誰よりも正直で誠実な人間だと思っているフシさえある。後になって事態が自分の言葉を裏切ったときは、「想定外だった」と言えばそれで責任を取らずに済むとでも思っているのだろう。

映画にはハリーと対決するレイチェル・クーパーという老婦人が登場し、彼女もまた信心深い人物として描かれている。両者の対決はキリスト教信仰の光と闇を象徴しているようにも見えるが（LOVEとHATEの戦い）、ここに描かれている闇のなんと深いことか！

こうした信仰の闇は、今もこの世界を覆っているように思えてならない。

渚にて

冷戦が生み出した「世の終わり」の風景

作品概要
監督：スタンリー・クレイマー
出演：グレゴリー・ペック、エヴァ・ガードナーほか
製作国：アメリカ
製作年：1959年

20世紀フォックス ホーム エンターテイメント ジャパン
©2011 Metro-Goldwyn-Mayer Studios Inc. All Rights Reserved.
Distributed by Twentieth Century Fox Home Entertainment LLC.

「世の終わり」はキリスト教が長年に渡って予告してきたものだが、映画の世界でもさまざまな形で「世の終わり」が描かれている。天変地異、宇宙人の侵略、隕石の衝突……。世界の終わり方はさまざまだが、本作『渚にて』はその中でも古典と呼んでいい作品に違いない。この映画が作られたのは東西冷戦時代。アメリカとソ連が互いに相手を核ミサイルの標的にしてにらみ合い、一歩間違えれば全面核戦争が本当にあり得る時代だった。

【あらすじ】

　第三次世界大戦で人類のほとんどが死滅した近未来。アメリカの原子力潜水艦ソードフィッシュが、オーストラリアの海軍基地に入港する。地球上で唯一放射能汚染を免れているオーストラリアでは、人々が表面上それまでと変わらぬ生活を続けている。だが放射能汚染は確実に広まり、数ヶ月後にはこの地にも達する。そのとき、世界からは人間がいなくなるのだ。

　潜水艦のタワーズ艦長は人々から手厚い歓迎を受けるが、北米サンディエゴから打電されているモールス信号の発信元を調査するため、再び太平洋航海の旅に出る。アメリカはすでに人間が完全に死滅しているはずだが、まだどこかに生存者がいるのだろうか？

【解説】

　この映画に登場するのは、まるで神に見捨てられたかのような世界だ。人間たちは互いに勝手に殺し合い、全滅を免れない状態になっている。だが人々は「その日」が来るのを知りながら、あえてそこから目を背け、今まで以上に日常的で平穏な日々を過ごそうとしている。街の喧騒はいつもと変わらない。人々はいつもと同じように仕事やレジャーに出かけ、家族と食事し、赤ん坊にミルクをやり、友人たちとパーティーをする。そうすることで、戦争前の平和な日々が戻ってくるわけでもないのに。

　物語は一種の群像劇だが、中心となるのは米国潜水艦の乗組員たちだ。世界中から人類が滅んでしまったにもかかわらず、海軍という組織が存在し、乗員たちが任務に就いているという不思議。軍隊

が「敵と戦うための組織」だとしたら、彼らはいったい何と戦うために仕事を続けているのだろうか。どこにも敵がいないのだから、これほど意味のない組織や役割もない。だが無駄で意味がない任務を淡々と続ける軍人たちの姿に、「終わりの日」を迎える人間たちの姿が象徴されているのかもしれない。

　新約聖書の黙示録には、最終戦争で世界が破壊されつくした後にはキリストが再臨し、クリスチャンたちが待ち望む神の国が到来すると書かれている。この映画にキリストの再臨は描かれないが、人類死滅という「そのとき」を待つだけになった世界の何と穏やかで静かなことか。人々がもはや争うことはない。心の底から平和を望み、戦争を止められなかった自分たちの愚かさを悔やんでいる。誰もが周囲の人たちに優しく接し、思いやりに満ちた人間関係が作られている。決して避けることのできない「死」という現実を前にして、人々は今このときを精一杯、懸命に生きている。

　これは形を変えた「神の国」の実現なのかもしれない。ただしそこに、永遠の命はない。すべてを消し去ってしまう死が、誰にでも公平に訪れるだけなのだ。

　「メメント・モリ」という言葉がある。ラテン語で「死を思え」という意味だ。どんな人でも必ず死ぬ。死は避けられない。だから今このときの生を楽しむべきだし、死に向けて毎日を謙虚に生きねば

ならない。死を思えば、人と競ったり争うことも虚しい。旧約聖書続編にも同様の言葉がある。「わたしたちは皆、死すべき者であることを思え」（シラ 8:7）。「自分の最期に心を致し、敵意を捨てよ。滅びゆく定めと死とを思い、掟を守れ」（シラ 28:6）。死は人の心を掻き乱す一方で、平和を生み出すものらしい。映画に出てくる平和も、人々が自分の死と向き合うことで生み出されたものなのだろう。

　「終わりの日」を描いた映画であるにも拘わらず、この映画にはキリスト教的なモチーフがほとんど登場しない。人々は自らの不信仰を嘆くこともなければ、来たるべき復活について語ることもしない。そしてそのことを、誰も不自然なことだと思っていないようだ。ここにあるのは「神に見捨てられた世界」にも見えるが、本当は「人々が神を見捨てた世界」なのではないだろうか。

　映画のラストシーンは、完全に無人になった街の風景で終わる。人間だけでなく、そこには動くものがひとつもない。だがこの風景を見ているのは誰なのだろう？　ひょっとするとそれは、人々から見捨てられた「神」なのかもしれない。

　人間が神を見捨てても、神は人間を最後まで見守り続けたのだ。

エルマー・ガントリー 魅せられた男
聴衆を魅了する熱血伝道師の正体は？

作品概要
監督：リチャード・ブルックス
出演：バート・ランカスターほか
製作国：アメリカ
製作年：1960年

20世紀フォックス ホーム エンターテイメント ジャパン
©2017 Metro-Goldwyn-Mayer Studios Inc. All Rights Reserved.
Distributed by Twentieth Century Fox Home Entertainment LLC.

　原作はノーベル賞作家シンクレア・ルイスの同名小説。この小説はキリスト教伝道師や牧師たちの偽善と腐敗を暴いてセンセーショナルなベストセラーになるが、キリスト教側からの反発も大きく、著者はさまざまな攻撃を受けたという。映画はその前半部を脚色したものだが、主演のバート・ランカスターが主演男優賞を受賞するなど、アカデミー賞の主要3部門（ほかに助演女優賞と脚色賞）を受賞する傑作となった。

【あらすじ】

　1920年代のアメリカ。エルマー・ガントリーは女癖の悪い飲んだくれのセールスマンだが、ある町で見かけた女性宣教師シスター・シャロンに一目惚れし、何とか彼女の気を引こうと教団に潜り込む。

　エルマーは芝居がかった説教と大げさな演出で聴衆を引き付け、教団はみるみるうちに巨大化。彼らの人気に目をつけ、スポンサーに名乗り出る者も現れた。新聞は教団の状況を見世物小屋だと揶揄するが、エルマーはこれに猛然と反撃して、逆に教勢拡大のチャンスに変えてしまう。

　教団と説教師エルマーの名は全米に知られるようになった。だがこれを面白く思わない者も多い。やがて教団に最大の危機が訪れる。

【解　説】

　物語の舞台は1920年代のアメリカ中西部。この時代を描いた映画は多くの場合、音楽やファッションで「過ぎ去った古き良き時代へのノスタルジー」を前面に押し出すのがお約束だ。例えば『お熱いのがお好き』(1959)や、『スティング』(1973)『ペーパー・ムーン』(1973)、『華麗なるギャツビー』(1974)などを思い出してみればいい。だがこうした映画に比べると、本作の時代風俗描写は控え目だ。もちろん丁寧な時代考証はしてあるのだが、そのことを特に強調してはいない。それは作り手たちがこの映画を、「遠い過去の物語」ではなく、「いま現在の物語」として描こうとしているからだろう。

　映画の冒頭に字幕で紹介されているが、この映画は1920年代のアメリカで起きた大規模な信仰復興（リバイバル）

をモチーフにしている。この時代には既存の教会や教派に属さず、専門的な神学教育も受けていない宣教師たちが、各地でテント仕立ての伝道集会を開いて大勢の聴衆を集めていた。

映画に登場する女性宣教師のシスター・シャロンは、実在の女性宣教師エイミー・センプル・マクファーソン（国際フォースクエア福音教団の創設者）がモデルだという。彼女もカナダやアメリカ各地でのテント集会から活動をスタートし、当時放送が始まったばかりのラジオを使って大衆伝道に成功した人物だ。

じつはこの映画に描かれているのと似たことが、映画が作られた1960年頃のアメリカで起きていた。

例えば有名な福音派伝道師のビリー・グラハムは、1940年代にラジオ伝道を開始し、50年代からはクルセード（十字軍）と銘打った伝道集会を世界各地で開催するようになっている。またこの頃はグラハム以外にも多くの伝道師たちが、新たに普及しはじめたテレビに活躍の場を広げはじめた。テレビ伝道師、テレバンジェリストの登場だ。

マスメディアを通して膨大な支援者と多額の献金を集める伝道師たちに対しては、既存教会からの反発や批判も強かった。マスコミも新興勢力である大衆向け伝道師を批判したが、彼らは潤沢な資金をもとに各地に巨大な教会を作っていく。これらはすべて、映画『エルマー・ガ

ントリー』にも描かれている。この映画は1920年代に書かれた原作小説を借りて、1960年当時のアメリカ社会と教会の関係を描写している。

映画が作られてから半世紀以上がたった。しかしこの映画が「いま現在の物語」であることは変わらない。映画を観ていて興味深いのは、映画に描かれた1920年代の様子が、いま現在のキリスト教の状況によく似ていることだ。

教会はリベラルな神学と原理主義的な聖書解釈に引き裂かれ、クリスチャンとして進化論を受け入れるべきか否かが激しく議論されている。社会は世俗化して人々の教会離れが進み、特に若者や子どもたちが教会に来なくなって久しい。このままでは教会が衰退してしまうという危機感を持ち、新しい教会のあり方に踏み出して行く人がいる。しかしその一方で、危機感を感じながらもこれまでの伝統や歴史を考えて変化を受け入れられない人たちがいる。教会内部の見えない部分では、一部聖職者や信徒たちの偽善と腐敗が進行している。

1920年代と2010年代の今とでは、社会の状況がまるで違う。だがこの映画に登場する人たちは、今も我々の周囲に生きているのだ。

2001年宇宙の旅

人間を進化させた存在。それは神なのか？

【初回限定生産】HDデジタル・リマスター＆
日本語吹替音声追加収録版 Blu-ray 4,990円＋税
ワーナー・ブラザース ホームエンターテイメント
©1968 Turner Entertainment Co. All rights reserved.

作品概要
監督：スタンリー・キューブリック
出演：キア・デュリアほか
製作国：イギリス、アメリカ
製作年：1968年

SF映画の金字塔であり、特撮映画の最高傑作。その映像表現はいま観ても新鮮で、現在に至るまで多くの映画作家に強い影響を与えている。説明的な台詞を排除したことから多様な解釈が可能となり、初公開以来さまざまな議論を呼んできた作品でもある。宇宙船を制御するコンピュータの反乱も、AI時代となった今にふさわしいテーマかもしれない。だがこの作品の全体を貫くテーマは、「人間と神の出会い」ではないだろうか。

【あらすじ】

月面で発見された不思議な物体モノリス。それは数学的にも物理的にも完全な直方体であり、高度な技術を持つ知的生命体が、意図的に埋めたのは明らかだった。埋められたのは、今から数百万年も前らしい。

モノリスから発信された強力な信号をたどって、宇宙船ディスカバリー号が木星へ向けて旅立った。宇宙船の乗組員は、宇宙飛行士5名と最新型の人工知能HAL9000型コンピュータ。不眠不休のコンピュータと違って、人間は人工冬眠をしながら交代勤務。現在は船長のボーマンとプールの2名が勤務中だ。何事もない、退屈にさえ思える旅。だがその平穏さは、HALの発した小さな機器故障の警告をきっかけに崩壊して行く……。

【解説】

日本では『2001年宇宙の旅』という題名で公開された映画だが、原題は『2001：宇宙のオデッセイ』。「オデッセイ」は古代ギリシャの詩人ホメロスの叙事詩「オデュッセイア」の英語読みで、トロイア戦争の英雄オデュッセウスの神話的な旅がテーマになっている。映画のテーマ曲として一躍有名になったのは、リヒャルト・シュトラウスの交響詩「ツァラトゥストラはかく語りき」の冒頭部分。これはニーチェの同名著作をモチーフにした楽曲。ツァラトゥストラはゾロアスター教の教組ザラスシュトラのことなので、やはり宗教的な題材からの引用だ。

映画が作られた1960年代は、人々が今よりずっと素直に科学を信奉している時代だった。科学技術の発達が人々の生活を豊かにし、人類を幸せにすると多く

の人たちが信じていた。科学はいずれこの世のあらゆる不思議を説き明かし、あらゆる不可能を可能にするはずだった。古代の人々が崇めていた神々は、科学の時代にはもう用済みになったのだ。そんな時代に、この映画はあえて「人間と神の出会い」を描いてみせた。

その「神」は人類の祖先を進化させて知識を与え、21世紀の人類を宇宙の彼方に導き、新たな生命体に進化させる。だがこの「神」は、天地万物を創造する全知全能の神ではない。その正体は、高度な科学技術を持つ地球外の知的生命体。よりわかりやすい言葉で言えば、宇宙人、あるいはエイリアンだ。

映画に登場する未来世界の風景は、綿密な科学考証によるものだ。劇中に登場するロケットも、宇宙ステーションも、月面基地も、木星探査宇宙船も、人工知能型のスーパーコンピュータも、当時の最新知識をもとにリアルにデザインされている。宇宙服や宇宙食などの小道具も同じだ。それらはこの映画製作当時すでに存在した技術の延長に、将来当然出現すると考えられるものばかりだった。

しかし映画に描かれる地球外生命体の科学技術は、そうした既存の技術の延長からかけ離れている。それは人間の知識や技能を超越したスーパーテクノロジーであり、内部のメカニズムはもちろんのこと、それが何を目的に作られたのかすらわからない。人間の疑問を無視して強

烈な存在感を放つ巨大な力は、ほとんど超自然的な神のわざに等しく見える。その力を生み出し、人類の前に提示した「何者か」の存在。それこそが、この映画が描く「神」の姿だ。

人間は神によって創造されたのか？それとも、進化という偶然を積み重ねて今の姿になったのか？　これはキリスト教徒の間で、今も激しい議論になる話題だ。これに対して、「神は進化という手段を用いて人間を含む生物を作った」という有神論的進化をとなえる人もいる。この映画で描かれる人間の進化は、外部から知的存在の介入によってひとつの方向に導かれている点で、有神論的進化の立場に近い描写と言えるだろう。だがそこにいるのは、キリスト教徒が信じるような天地万物の創造主ではない。あくまでも地球外の知的生命体、宇宙人、エイリアンでしかないのだ。

映画のラストシーンには、BGMとして再び「ツァラトゥストラはかく語りき」が流れてくる。ニーチェは同名著書の中に「神は死んだ」という有名な言葉を記しているが、映画『2001年宇宙の旅』もまた、キリスト教的な意味での「神」の死を宣言した映画になっている。

ローズマリーの赤ちゃん

映画の裏側で、映画以上の恐怖が育っていた

| 作品概要 | 監督：ロマン・ポランスキー
出演：ミア・ファローほか
製作国：アメリカ
製作年：1968年 |

Blu-ray 2,381円＋税／DVD 1,429円＋税
発売元：NBCユニバーサル・エンターテイメント

　現代のニューヨークに、悪魔崇拝のグループが秘かに生き続けている。この映画は一組の若い夫婦が、そのグループに巧みに取り込まれていく様子を描いたオカルト・ホラーだ。映画に登場する悪魔崇拝グループは、原作者アイラ・レヴィンの空想の産物。しかし本作が公開された翌年、この映画を監督したロマン・ポランスキーの妻が自宅で惨殺される事件が起きる。犯人たちは、自分勝手な聖書解釈をするカルト教団のメンバーだった。

【あらすじ】

　ローズマリーと夫のガイが、ニューヨークの高級アパートに引っ越してくる。隣室のカスタベット夫妻は親切だし、売れない役者だったガイの仕事も少しずつ増えてきた。夫婦の生活は順調そのものだ。

　ふたりは以前から希望していた子どもを作ろうと考えるが、カスタベットに差し入れられたデザートを食べた夜、ローズマリーは悪魔にレイプされるグロテスクで生々しい悪夢を見た。それから間もなく、ローズマリーの妊娠がわかる。カスタベットは有名な産婦人科医のサパースタイン博士をふたりに紹介し、ローズマリーは博士から特別な診察と指導を受けることが決まった。だがその頃から、彼女は異常な腹痛に苦しみ痩せ細っていく。

【解説】

　1960年代のアメリカは、ヒッピーとカウンターカルチャーの時代を迎えていた。アメリカの古き良き伝統は否定され、新しい価値観や文化が台頭して来たのだ。その牽引役になったのが、第二次大戦後のベビーブームで生まれた若者たちだ。この映画でヒロインを演じたミア・ファローは1945年生まれ。テレビドラマ「ペイトンプレイス物語」でお茶の間の人気者だった彼女は、この世代の代弁者となる若手女優だった。

　カウンターカルチャー世代にとって、キリスト教は目の前に立ち塞がる大きな攻撃目標だった。映画の中でもキリスト教は軽んじられ、雑誌の表紙には「神は死んだ」という大見出しが踊っている。かつてキリスト教社会とされた欧米では若者たちがキリスト教にそっぽを向き、

仏教やヒンドゥー教など、東洋の宗教に興味を示すようになる。キリスト教以前に信仰された古い異教の神々が復権し、ウィッカやウィッチクラフトと呼ばれる魔術が注目を集めるようにもなった。ニューエイジ・ムーブメントの到来だ。

欺瞞と虚偽に満ちた物質主義の時代は終わり、新しい霊性の時代が始まろうとしていた。同じ頃上演されたミュージカル『ヘアー』の挿入歌「輝く星座（アクエリアス）」は、間もなく魚座の時代が終わり、水瓶座の時代が到来すると宣言している。魚座が象徴するのは、古代の信徒たちが魚をシンボルにしていたキリスト教だ。その時代は終わろうとしている。キリスト教の終焉は、ある人々にとって新しい世界への希望でもあった。

この映画はそんな時代の中で作られている。キリスト教の終わりを期待し、悪魔の復活を待ち望む人々の存在は、この頃には荒唐無稽な空想の産物とは言い切れないものだった。例えばオカルト研究家のアントン・ラヴェイという男が、1966年にサンフランシスコで悪魔教会を設立して初代祭司になっている。ラヴィの教会の実態がどうであれ、この時代には悪魔を崇拝することすらタブーではなくなっていた。

だがこの時代、悪魔崇拝以上に社会的害毒をまき散らしていたのは、聖書を独自に解釈するキリスト教系のカルト教団だった。ジム・ジョーンズの人民寺院は1977年にガイアナで集団自殺を遂げるが、それがプロテスタント系のキリスト教会としてサンフランシスコで急成長するのは1960年代のこと。統一教会がアメリカに拠点を移したのも、やはり1960年代だった。

しかしこうしたことに、当時の社会はほとんど無警戒だった。多くの人たちにとって、ニューエイジもカルト教団も他人ごと。それは映画やテレビの中に出てくるファンタジーだった。『ローズマリーの赤ちゃん』を作った人たちも、これをよくできたホラー映画や、異色の心理サスペンス映画だとしか考えていなかったに違いない。

映画公開の翌年8月、チャールズ・マンソンが率いるカルト教団「ファミリー」のメンバーが、ポランスキー監督の自宅を襲撃する事件を起こす。犯人たちは、前年監督と結婚したばかりで、当時妊娠8ヶ月だった女優シャロン・テートなど計5人を殺害。その動機は、彼らが聖書とビートルズの楽曲を独自に解釈して、間もなく最終戦争が起きると信じていたことだった。

反社会的なカルト集団の脅威は、映画の中だけの存在ではない。それは日常のすぐ隣りに潜み、平和な社会を破壊するため爪を研いでいた。この映画は結果として、現実社会の姿をきわめてリアルに描写した映画になっていたのだ。

エクソシスト
神と信仰を拒絶する現代社会の中で

Blu-ray 2,381円＋税
DVD ディレクターズカット版 1,429円＋税
ワーナー・ブラザース ホームエンターテイメント
©2013 Warner Bros. Entertainment Inc. All rights reserved.

作品概要
監督：ウィリアム・フリードキン
出演：リンダ・ブレア、ジェイソン・ミラーほか
製作国：アメリカ
製作年：1973年

映画公開と同時に世界中の映画館に観客が押し寄せ、日本でも1974年の洋画配給収入で第1位を記録した大ヒット作だ。この映画がヒットしたことで、オカルトホラー映画というジャンルが大いに盛り上がった。精巧な特殊メイクを使った残酷描写やショック演出など、本作がその後の映画に与えた影響は大きい。だがこの映画が本当に描こうとしているのは、現代におけるキリスト教信仰の危機だった。

【あらすじ】

ベテラン女優のクリス・マクニールは、映画撮影のため一人娘のリーガンとジョージタウンで暮らしはじめた。しかし転居から間もなく、娘に奇行が目立つようになる。神経科、脳神経外科、心理療法、精神科。どの医者にかかってもリーガンの症状は悪化し、クリスは途方に暮れるばかりだ。

しばらくして、友人の映画監督がクリスの家近くで死亡する事件が起きた。クリスはこの死に、リーガンが関わっていると直感的に悟る。娘はもう、自分の知っている娘ではなくなっている。医者からの提案もあり、クリスはカトリック教会のカラス神父に娘の悪魔祓いを依頼。しかし精神病理学者でもある神父は、当初この話を真面目に受け止めなかった。

【解説】

劇中の悪魔祓いは、カトリック教会監修で再現された本格的なもの。その印象は強烈だが、意外なことに、これは2時間以上ある映画の中のたった20分ほどでしかない。映画がその前に1時間半かけてじっくり描くのは、宗教や信仰を徹底的に拒絶する現代社会の姿だ。

ヒロインのクリスと娘のリーガンは、信心深い人たちではない。彼女たちはキリスト教を信じていない。神父には一定の敬意を払うが、それはあくまで社交儀礼の範囲だ。神も十字架も、彼女たちの頼るべきものとはならない。娘の様子がおかしくなったとき、クリスが頼るのは医師の診察と治療という現代科学だった。彼女はそれが娘を癒やし、もとの平和な暮らしが取り戻せると信じている。

物語中盤までは医療関連のエピソード

が続くが、何度も描かれる検査の場面は、悪魔祓いの儀式以上にショッキングだ。医師たちは少女の治療について、様々な見解を語ってみせる。そして自分の判断の正しさを証明するため、少女の体を徹底的に傷つけるのだ。そこで行われていることは、癒やしとは正反対のことばかり。現代人は科学を合理的なもの、宗教を不合理なものだと考えている。だが科学の現場で行われていることも、それほど合理的なものとは限らない。

現代科学がサジを投げたリーガンの治療は、結局カトリックの神父たちの手に委ねられることになる。クリスは科学に見切りを付けて、宗教に助けを求めたのだろうか？　残念ながらそうではない。頼りにしていた科学から見放され、自分の娘の中に得体の知れない別の人格が入り込んでいるという事実を確信したときですら、母親のクリスは目に見えぬ神を頼りにはしない。溺れる者はわらをもつかむ。彼女は神父という、現実に存在する人間にすがったのだ。

神父たちが娘の部屋で神に祈りを捧げ、命がけで悪魔と戦っているときですら、クリスが自ら神に祈ることはない。祈らないのは彼女だけではない。これほど宗教的な映画であるにも拘らず、この映画では神父たち以外、誰も神に祈っていないのだ。

この映画が描いているのは、現代社会と信仰の極端な分裂なのだ。映画の冒頭が中東の遺跡発掘シーンからはじまるのは、そこで営まれている人々の生活がいまだ宗教と密接に結びついているからだろう。生活に宗教がしっかり根付いている世界と、身の回りから宗教が排除されている世界が、ここでは対照的に描写されている。

現代社会では人々の生活と信仰が分裂している。それだけに、両者の橋渡しをする聖職者の苦悩は大きなものになっている。物語の中盤から映画の実質的な主役となるカラス神父は、カトリック教会の聖職者であると同時に精神病理学者、つまり、科学者でもある。科学者として物事を徹底的に観察し、合理的に解釈する訓練を受けている彼は、宗教者として社会が見捨てた信仰と向き合い、それを守っていかなければならない立場でもある。この映画は、神を拒絶する社会と信仰との間で神を見失いかけていたひとりの聖職者が、悪魔との戦いを通じて再び信仰を取り戻す物語なのだ。

神が見失われた世界の中でも、目に見えぬ場所で信仰は確実に継承されていく。それを象徴するのが、劇中に何度も登場する聖ヨセフのメダイだ。名もないキリスト教徒が作った小さなメダイが、数百年の時を経てメリン神父に発見され、カラス神父を経由してダイアー神父へと引き継がれる。映画は信仰に対する小さな希望で幕を閉じる。

93

ウィッカーマン

キリスト教は正しさの基準に成り得るか？

作品概要
監督：ロビン・ハーディ
出演：エドワード・ウッドウォードほか
製作国：イギリス
製作年：1973年

DVD 1,400円＋税
発売・販売元：株式会社ハピネット
©2006 EQUITY PICTURES MEDIENFONDS GmbH & Co.KG III and
NU IMAGE ENTERTAINMENT GmbH. ALL RIGHTS RESERVED.

古代社会では、人々が神に生け贄を捧げた。捧げられるのはほとんど動物だが、特別な生け贄として人間を捧げることもあった。古代イスラエル人は神殿で犠牲の動物を屠り、肉を焼いて神への献げ物とした。聖書の神は人間の生け贄を禁じた。それでも士師記には、人間を生け贄にするエピソードが記されている。こうした習慣はキリスト教によって滅ぼされたが、本作では主人公が、現代に残る生け贄の儀式に遭遇する。

【あらすじ】

スコットランドのサマーアイル島で、ひとりの少女が行方不明になった。匿名の通報を受けたハウイー警部が島を訪れるが、島民たちは行方不明の少女など存在しないと口を揃える。そんなはずはない。島民たちは何かを隠しているのだ。

島民たちは、古代ケルトの素朴な信仰を守っている。だがキリスト教徒の警部には、そのどれもこれもが不潔で野蛮なものに思えた。やがて警部は、島に確かに少女がいた証拠を突き止める。彼女はどこに消えたのだろう？島民たちが、彼女の存在を隠そうとするのはなぜなのか？

村ではしばしば、神に生け贄を捧げるという。おそらく少女は、祭の日に神への生け贄に捧げられるのだ！

【解説】

4世紀にローマ帝国から公認されて以来、キリスト教はヨーロッパの支配的な宗教になった。キリスト教の倫理観、道徳観、世界観などをベースにして、民族や言語が雑多に入り混じるヨーロッパに共通の文化的な基礎が作られる。15世紀以降、ヨーロッパ諸国はアフリカやアジア、アメリカ大陸へと支配を広げて植民地化する。こうしてヨーロッパのキリスト教文化は世界に広まり、万国共通の価値基準を作り上げたかに見えた。

こうしたキリスト教の優位性がぐらつくのは、第二次大戦以降のことだ。アフリカやアジアでは多くの国々が独立し、それまで支配的だったキリスト教の影響力は縮小していく。キリスト教はかつて持っていた国際的な社会規範としての力を失い、他の文化との間で相対化される

存在になってしまったのだ。

　それでも映画の世界では、キリスト教が相変わらず中心的な価値基準となっていた。文明人であるキリスト教徒は、野蛮な異教、邪悪な異端の信仰に苦しめられても、最後は必ず勝利しなければならない。なぜならそれが、映画における約束事だからだ。

　例えばこの映画でサマーアイル島の領主を演じるクリストファー・リーは、1960年代から70年代にかけて何度もドラキュラ伯爵を演じている俳優だ。ドラキュラは十字架を恐れる反キリストのモンスターで、最後は必ず人間たちとの戦いに敗れて灰になる。異教徒や異端の怪物がどれだけ強くても、最終的にはキリストの十字架が勝利するのだ。めでたしめでたし。それでこそ、観客も安心して映画館から家路につける。

　しかし本作『ウィッカーマン』は、長く守られてきたこの約束事をあっさりと裏切る。キリスト教は、異教の前に敗れ去るのだ。主人公の敬虔な信仰は、彼を助けてくれない。それどころかここでは、過酷な現実を前にしたキリスト教信仰が、いかに無力なのかが強調されている。信仰は超自然的な力で主人公を助けることはないし、危機に瀕した主人公を信仰が励ましたり力づけることすらない。キリスト教も、神も、聖書の言葉も、すべてがあまりにも無力で頼りにならない。キリスト教はあっけなく敗北してしまう。

　誤解してはならないのだが、この映画はキリスト教の敗北を描いてはいても、異教の勝利を描いているわけではない。ここに勝者は誰もいないのだ。観客はキリスト教の敗北を観ても、映画の中で信仰されている島民たちの神々が実在するなどとは考えない。島の人たちが信じる奇妙な信仰は、貧しく迷信深い島民たちを統治するため、領主一族が作り出した疑似宗教でしかない。それはニセモノの神を崇める、マガイモノの宗教だ。そこにはどんな神も存在しない。

　しかし島民の信じている宗教が偽物で、キリスト教だけが本物だという根拠はあるのだろうか？　島民の信じる神がニセモノなら、キリスト教の神もまたニセモノではないのか？　そもそもあらゆる宗教はまやかしであり、人を騙すためのペテンではないのか？　キリスト教だけがそうでない証拠は、一体どこにあるのだろう？

　ここに出現するのは、共通の価値基準がどこにも存在しない世界だ。何が正しく何が間違っているのか、その判断基準がすべて失われている。対立する双方が自分たちこそ正しいと主張するばかりで、相手の言葉に耳を傾け心を動かされることはない。

　互いに同じ言葉で話しているはずなのに、話がまったく噛み合わない世界。この映画の本当の恐ろしさは、そこにあるのかもしれない……。

キャリー
歪んだ信仰が生み出したモンスター

作品概要
監督：ブライアン・デ・パルマ
出演：シシー・スペイセク、パイパー・ローリーほか
製作国：アメリカ
製作年：1976 年

20世紀フォックス ホーム エンターテイメント ジャパン
©2013 Metro-Goldwyn-Mayer Studios Inc. All Rights Reserved.
Distributed by Twentieth Century Fox Home Entertainment LLC.

スティーヴン・キングの長編デビュー作「キャリー」を、ブライアン・デ・パルマ監督が映画化したホラー映画だ。キングはこの映画のヒットで作家としての安定した生活を手に入れ、デ・パルマ監督もメジャースタジオで大作を任される人気監督になっている。映画のジャンルはオカルトホラーだが、劇中で母子を演じたシシー・スペイセクとパイパー・ローリーがアカデミー賞にノミネートされるなど、内容面でも高い評価を受けた。

【あらすじ】

　　内気で地味な高校生キャリーは、クラスの中でも少し浮いた存在だ。学校のシャワールームで遅い初潮を迎えたキャリーは、自分の身に起きたことが理解できないままパニックを起こし、クラスメイトたちから残酷ないじめを受ける。極度に厳格な信仰を持つ彼女の母は、性にまつわることを一切娘に教えていなかったのだ。

　　母親は娘の肉体的な成熟を罪深いことだと考え、キャリーに厳しい折檻を繰り返す。一方彼女をいじめたクラスメイトは教師から罰を受け、リーダー格のクリスはキャリーを逆恨みするようになった。クリスは友人たちと共謀し、卒業パーティーのステージでキャリーの頭上からブタの血を浴びせるグロテスクな復讐を実行した。

【解　説】

　　この映画は主要なモチーフは二つある。ひとつはアメリカの高校におけるスクールカーストと、それを前提としたカースト上位者による下位の者へのいじめ問題。もうひとつは、極度に厳格な信仰を押し付ける母親に、精神的にも肉体的にも虐待され続ける子どもの問題だ。

　　母親に自我の発達を阻害され続けてきたヒロインのキャリーは、学校での凄惨ないじめをきっかけにして、突発的で制御不能な自我の解放を行う。それまで溜めに溜めていたあらゆる感情の渦が、最後になって爆発するのだ。こうしたカタルシスには、心理的な快感が伴う。映画のクライマックスにある破壊シーンが、恐ろしいと同時にある種の爽快感を持っているのはそのためだ。キャリーはこのとき、ようやく自由を手に入れる。しか

96　第 **4** 章　神なき時代のキリスト教映画

しその自由を制御できず、すべてを破壊しつくしてしまうのだ。

キリスト教系の教団で子どもの虐待が問題になるのは、異端やカルトと名指しされるキリスト教系の新宗教のグループであることが多い。しかし正統派の教会であっても、虐待問題が起こることはある。この映画に登場する母親は、住んでいる家の内装や本人の仕草などから見て、もともとはカトリック教会の信者であったらしい。彼女の言動はすべてが極端だが、若者たちの性の乱れを憂い、世俗的な楽しみを悪魔の誘惑だと拒絶する姿勢は、正統派の教会でも見られるものだ。

正統・異端を問わず、教会の中では多くの犯罪や不法行為が起きている。セクハラや金銭横領のような、私利私欲と悪意に基づいた犯罪もあるだろう。だが教会の指導者がより多くの信者を獲得して定着させるために、無意識の内にカルト的な運営手法を選択している例も多いのではないだろうか。例えば聖書の言葉やエピソードを引用して、指導者の命令を神の言葉によって権威付ける。あるいは、教会の外はサタンの支配下にあると主張し、教会の教えを批判する者や教会の教えと異なる価値観を、すべてサタンによる誘惑や攻撃だと信じ込ませる。

キャリーの母親も、まさにそうして我が子を自分に従わせていた。娘が母親に反抗して従わなくなったとき、彼女は娘を「魔女」と罵り自らの手で殺そうとする。カルト化した教会もさすがにここまで極端なことはしないだろうが、反抗的な信者を教会から追放して他の信者との接触を禁じることは当たり前のように行われる。そうすることで、元信者は「存在しない者」として共同体に抹殺されてしまうのだ。教会は反抗的な信者を追放しても、良心が痛むことはない。その行為は信仰によって正当化されるからだ。反抗や反逆は信仰共同体に対する試練であり、それを乗り越えることで共同体は霊的に成長することができると考える。

映画の中でキャリーの母は、我が子を手にかけることを神に与えられた任務だと考えた。殺害に失敗して自分が命を落とす間際も、彼女は自分自身を殉教者になぞらえて恍惚とした表情で息を引き取っている。彼女は最後の最後まで、揺らぐことなく自分の信仰を守り抜いた。この映画でもっとも恐ろしいのは、信仰のモンスターと化したこの母親なのだ。

原作小説「キャリー」はこの映画以外にも、2002年のテレビ映画、2013年の再映画化で、合計3回映像化されている。そしてどの作品でも、ヒロインの母親を演技派の有名女優が演じているのだ。この物語の本当の主役は、キャリーの母なのかもしれない。

ゾンビ

死者が復活し、世界の終わりがはじまる

販売元：ハピネット
©1978 THE MKR GROUP INC. ALL RIGHTS RESERVED.

作品概要
監督：ジョージ・A・ロメロ
出演：デビッド・エンゲほか
製作国：イタリア、アメリカ
製作年：1978年

映画の世界に「復活して人間を襲う死者」というモンスターを定着させたことで、『ゾンビ』は映画史に残る作品だ。映画に登場する生ける死者たちは、手で触れることのできない幽霊ではない。腐敗しかけた青白い肉体を引きずりながら、地上をさまよう死者の群れなのだ。身の毛もよだつ恐ろしい風景だが、キリストが死の三日目に墓から蘇ったことからもわかるとおり、死者の復活はキリスト教の大きなテーマでもある。

【あらすじ】

　世界中で死者が復活してゾンビとなり、生きた人間を襲いはじめた。都市部ではゾンビの数が増えすぎて、警察や軍隊には制御不能なパニックとなっている。人々は家や職場を捨てて郊外に逃げ出して行った。

　フィラデルフィアのテレビ局に勤めるフランは、恋人のスティーブンとヘリコプターで安全な地域に脱出しようとする。警察官のピーターとロジャーも一緒だ。しかし燃料は乏しく、ゾンビの数は郊外でも増え続けている。フランたちは放棄されたショッピングモールを見つけて着陸し、安全な居場所を確保することができた。そこには生活に必要なものが、すべて揃っている。

　だがモールの中での安全な暮らしも、永遠に続くものではなかった……。

【解説】

　新約聖書のマタイによる福音書には、イエスの磔刑死直後に起きた異様な出来事についての記事がある。イエスが息を引き取ると神殿の垂れ幕が二つに裂け、地震が起きて岩が裂けた。さらに墓が開いて多くの者たちの体が生き返り、エルサレムを歩き回る姿が多くの人々に目撃されたというのだ。（マタイ 27:51-53）復活した死者は、イエスの死と復活によって、神の国が一部実現したことを意味するらしい。だがその光景を想像すると、あまりにも不気味でぞっとするものに思える。それは我々が映画を通じて、「復活した死者」のグロテスクな姿を刷り込まれているからだろう。

　映画『ゾンビ』は、直接的にはキリスト教とまったく関係のない物語だ。しかし死者が復活してこの世の秩序が崩壊し、

やがて世界が終末を迎えるという点で、映画に登場する世界は聖書に描かれる終末をなぞっている。

終末と神の国の到来は、ある日突然一瞬にして現れるものではない。それは一粒のからし種のように、粉に混ぜられたパン種のように、小さな所から少しずつ広がり、やがて誰の目にも明らかな変化として人間の目の前に突きつけられることになるという。『ゾンビ』が描く世界の変化も同じだ。それは嘘か真実かわからない奇妙な現象として始まり、やがて誰の目にも疑いようのない大きな変化を生み出す。神の国では人々が神の支配の下で永遠の命を得て生きることができるというが、『ゾンビ』の世界に神はいない。神不在のままに死者たちは復活し、いつ終わるとも知れない永遠の命を生きねばならない。『ゾンビ』に登場する世界は、終末や神の国のパロディだ。

復活した死者たちは、確たる目的もなくただうろつき回る。彼らがショッピングモールに集まるのは、生前の習慣をただ反復しているだけなのだ。買いたいものや欲しいものがあるわけではないが、それでも何となくモールにやってきてぶらぶらと時間を過ごす。だがそんなゾンビの群れとガラス1枚隔てて暮らす主人公たちも、同じように目的もなくただ生きているだけだ。終わりの見えない永遠の時間の中で、死者たちは生きた人間を模倣し、生きた人間たちは死者の姿を模倣している。

「人はパンだけで生きるものではない」という有名な聖書の言葉がある。身の回りに衣食住のすべてが満たされる環境があったとしても、人間は目的もなくただ生きることに耐えられない。

ショッピングモールに閉じこもって暮らす中で、主人公たちは少しずつ自分の命をすり減らしているように見える。彼らが生き生きとした表情を見せるのは、明確な目的を持って命がけで行動しているときだけだ。彼らは危険を冒してモールの中からゾンビたちを排除し、出入り口をトラックで防御し、モールに襲いかかる侵入者たちと戦う。そのとき、彼らは輝いている。彼らは自分の命を危険にさらしているときにだけ、自分が生きていることを実感できるのだ。死を見つめることで、人は本当の命を生きはじめるという逆説がそこにはある。

映画はショッピングモールにあふれかえる死者たちの姿で終わるが、その姿は我々自身の普段の姿になんと似ていることだろう。生前の習慣を単純に模倣し続ける死者たちは、映画を観る人たちに、「これがお前たち自身の本当の姿ではないのか？」と問いかける。

我々は本当に生きていると言えるのだろうか？　死者たちの無言のまま、人間が生きる意味を問うているのだ。

レイダース 失われたアーク《聖櫃》
むき出しの暴力を振るう古代人たちの神

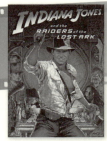

作品概要
監督：スティーヴン・スピルバーグ
出演：ハリソン・フォードほか
製作国：アメリカ
製作年：1981年

Blu-ray 1,886円＋税／DVD 1,429円＋税
発売元：NBCユニバーサル・エンターテイメント

　これまで4本の映画が作られた、「インディ・ジョーンズ・シリーズ」の1作目。主人公のアメリカ人考古学者が、旧約聖書に登場するアーク（聖櫃／契約の箱）をナチスと奪い合う冒険活劇映画だ。モーセに率いられてエジプトを脱出した人々の前で海が割れ、シナイ山で神から十戒の石板を授かった話は映画やドラマを通して世界中に知られている。だが石板を納めたアークの存在は、この映画によって広く知られるようになった。

【あらすじ】

　考古学者のインディ・ジョーンズは、世界各地で遺跡や古代宝物の発掘を行う凄腕のトレジャーハンターだ。そんな彼のもとに、アメリカ政府からひとつの捜査依頼が舞い込む。

　ナチスの精鋭がエジプトの遺跡で、旧約聖書に登場する十戒の石板を入れたアーク（聖櫃）を掘り出そうとしているようなのだ。アメリカは何としてもそれを阻止し、ナチスより先にアークを手に入れたい。手掛かりのメダルは、インディの恩師である故レイヴンウッド教授が持っていた。インディはメダルの現在の持ち主で、かつての恋人でもあったマリオンと合流してエジプトへと向かう。そこではナチスが、豊富な資金と人員を投入して、大掛かりな発掘作業を行っていた……。

【解　説】

　旧約聖書時代に消えたアークの謎をめぐる物語であり、これが聖書やキリスト教にまつわる作品であることは間違いない。だがここではアークが「人知を超えた不思議な力を持つ古代の遺物」として描かれるだけで、キリスト教やユダヤ教など、現代人の信仰につながる宗教要素は用心深く排除されている。

　この映画は聖書を「信仰の書」ではなく、古代イスラエルの歴史を記した「古文書」として扱っている。劇中で再現されたアークの姿は、聖書に書かれている姿を完全に再現。青銅器時代末期の意匠を巧みに盛り込んだ姿にはリアリティがあり、一度この映画を観てしまうと、聖書を読んでも映画に登場したアークしかイメージできなくなってしまう。

　それにしても、映画に登場するアーク

の何という恐ろしさ！　それは荒ぶる太古の神のパワーを放射して、周囲の生き物の命を奪い取る。輸送用の箱に近づいたネズミは死に、不用意に手を触れた人間もたちも絶命してしまうのだ。

こうした描写は映画の創作ではなく、ほとんどは聖書に書かれていることの再現だ。旧約聖書の記述によれば、イスラエルからアークを奪ったペリシテ人たちの町では、神殿の偶像が破壊され、近隣住民の多くが疫病に感染して死んだという（サムエル記上5章）。ダビデ王の命令でアークをエルサレムの神殿に運ぶ際も、荷崩れしそうになったアークにうっかり触れた男がその場で死ぬ事件が起きている（サムエル記下6章）。アークは人間に与えられた神の恵みの象徴であると同時に、時として人間の命を理不尽に奪い取る神の力の象徴なのだ。

現代人は聖書に登場する神の姿や性格を、新約聖書やキリスト教の視点を通して見るように習慣づけられている。聖書の神は、罪深い人間たちを救うため、愛する独り子を地上に送って身代わりの死を引き受けさせた。神は人間を愛し、罪を赦し、恵みを与える、憐れみ深く情け深い存在なのだ。神は愛なり！

しかし旧約聖書の時代には、神が人々に対してそれとはまったく違う姿を見せていた。神は燃える炎、吹きつける暴風、火山の鳴動の中から、荒々しい声で人間に語りかけた。それは人間には決して飼い慣らすことのできない、野性の暴力そのものだった。神は人間たちに大きな恵みを与える一方で、同じ人間たちから全てを無慈悲に奪い取る。神は人間の事情などお構いなしに、自分の思うがままに振る舞うだけだ。古代の人々はそんな神の力を恐れ、何とかしてそれと折り合いを付けようとした。

古代イスラエルの人々はこの神と「契約」を結ぶことで、神からの災いを避けることに成功したようだ。しかしそれでも神が持つ冷酷で残忍な力の記憶は、聖書の至るところに残されている。神は巨大な力を振るって人々を打つ。一度に数千から数万という人々が、神の力によって一瞬に命を奪われることもあった。大洪水で地上の生命はごくわずかな例外を除いて滅ぼされ、ソドムとゴモラは火と硫黄で焼かれた。エジプトは十の災いに襲われ、神に逆らった人々は大地に飲み込まれ、エリコの城壁は一瞬に崩れた。イスラエルの人々はそれを横目でながめながら、恐るべき神の力が自分の身に降りかからないことを願った。

この映画は古代の神が持つそんな荒々しい性格を、現代に甦らせている。それはキリスト教徒が思い描く神の姿とは似ても似つかぬもののように見えるかもしれない。しかしそれはまぎれもなく、「聖書の神」のひとつの姿なのだ。

ドラキュラ
神を拒絶して手に入れる永遠の命

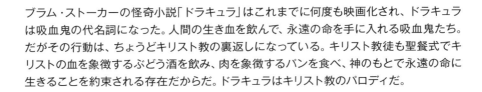

作品概要
監督：フランシス・フォード・コッポラ
出演：ゲイリー・オールドマン、ウィノナ・ライダーほか
製作国：イギリス、ルーマニア、アメリカ
製作年：1992年

Blu-ray 2,381円+税／DVD 1,410円+税
4K ULTRA HD & Blu-rayセット 4,743円+税
発売・販売元：ソニー・ピクチャーズ エンタテインメント

　ブラム・ストーカーの怪奇小説「ドラキュラ」はこれまでに何度も映画化され、ドラキュラは吸血鬼の代名詞になった。人間の生き血を飲んで、永遠の命を手に入れる吸血鬼たち。だがその行動は、ちょうどキリスト教の裏返しになっている。キリスト教徒も聖餐式でキリストの血を象徴するぶどう酒を飲み、肉を象徴するパンを食べ、神のもとで永遠の命に生きることを約束される存在だからだ。ドラキュラはキリスト教のパロディだ。

【あらすじ】

　15世紀のトランシルヴァニア。トルコ軍との戦いで妻エリザベータを失ったドラキュラ伯爵は、神を呪って永遠に生き続ける吸血鬼となった。

　それから4世紀たった19世紀の終わり。ロンドンの弁護士ジョナサン・ハーカーは、婚約者のミナを残してトランシルヴァニアの顧客を訪ねる。だが待ち構えていたドラキュラ伯爵は、彼を城に閉じ込めひとりロンドンへ。ドラキュラはミナの親友ルーシーに接近し、彼女は極度の貧血で衰弱して行く。彼女を診察したヘルシング教授は、彼女が吸血鬼に血を吸われていると気づいたが、もはや手遅れだった。

　同じ頃、命がけで城を脱出したハーカーはミナと結婚。ドラキュラと対決するためロンドンに戻って来る。

【解説】

　キリスト教徒にとって「救い」とは何なのか？　教会に伝わる使徒信条は、それを、罪の赦し、身体のよみがえり、永遠の生命などに要約している。映画『ドラキュラ』の中で、吸血鬼が自分の妻や部下たちに約束するのもそれとよく似たものだ。神は否定され、罪によって罰を受けることはもはやない。死体は墓場の中で復活し、永遠の命を得てこの世をさまよう。ドラキュラの奴隷になったレンフィールドは、鉄格子の中で「永遠の命をください！」と叫ぶ。その言葉だけを取り上げれば、そこで求められているのは聖書にある「救い」と何も変わらない。

　吸血鬼とキリスト教の類似点は他にもある。ドラキュラ伯爵は自分の血を飲ませることで人間たちを奴隷にするのだが、キリストも自分の血（であるブドウ

102　第4章　神なき時代のキリスト教映画

酒)を弟子たちに飲ませている。キリストの血を飲む人は永遠の命を約束されるのだが、ドラキュラの血についてもそれは同じだ。

ドラキュラの奴隷になった人間は死んで葬られた後も、朽ち果てることのない呪われた死体となる。人間の遺体が葬られた後も朽ちることなく残ることは、埋葬時の遺体の状況や周辺環境などの条件が整うことで、ごくまれに起きる自然な現象らしい。西ヨーロッパではこうした遺体を、亡くなった人が神に愛されている証拠だと考えて称賛する。朽ちることのない遺体は、聖人認定の重要な条件でもあった。だが東ヨーロッパでは同じ現象が、死者が吸血鬼になった証拠として忌み嫌われ、恐れられた。

原作者のブラム・ストーカーは東欧に伝わる吸血鬼伝説に取材して小説「ドラキュラ」を書いたのだが、それにしてもなぜ東欧のバルカン半島で、吸血鬼伝承が生まれたのだろう。ドラキュラのモデルが、15世紀のワラキア公ヴラド・ツェペシュ、通称ドラキュラであることはよく知られている。だが吸血鬼伝承のルーツは、もっとずっと古いようだ。

10世紀のバルカン半島には、ボゴミル派と呼ばれるキリスト教の異端が広まった。彼らは極端な霊肉二元論を説き、霊は神に属するが、物質的な存在はすべて悪神に由来するものとして完全に否定されたという。ボゴミル派の教義では、目に見え手で触れられる天地万物を創造したのは、真の神を僭称する偽りの神なのだ。そのため物質である地上に属したすべての権威は否定される。相手がローマ・カトリック教会であれ正教会であれ、創造主と名乗る偽りの神を崇めるのは誤った信仰であり、象徴である十字架は悪のシンボルでしかなかった。教会の秘跡も否定され、ボゴミル派の信者たちが幼児洗礼を行うこともなかったという。

ボゴミル派は14世紀にバルカン半島がオスマン帝国に飲み込まれることで消滅してしまうのだが、キリスト教の神を否定し、十字架を忌み嫌う人々の存在が、この地域に伝わる吸血鬼の伝説に結びついた可能性はありそうだ。『ドラキュラ』に登場する吸血鬼の背後には、千年以上前からキリスト教と敵対した異端者たちの存在が見え隠れしている。ドラキュラは、歴史の中に消えて行った異教や異端の歴史を背負う存在なのだ。

コッポラ版の『ドラキュラ』は、歴史の影に埋もれていった異端の魅力をたっぷり描くと同時に、正統や正義とされた者たちの振るう遠慮会釈なき暴力の激しさを正面から描き切っている。この映画で最凶の乱暴者は、吸血鬼ハンターのヘルシングだろう。

103

セブン
神にかわって他者の罪を罰する人々

作品概要
監督：デヴィッド・フィンチャー
出演：ブラッド・ピット、モーガン・フリーマンほか
製作国：アメリカ
製作年：1995 年

Blu-ray 2,381円＋税／DVD 1,429円＋税
ワーナー・ブラザース ホームエンターテイメント
Seven©1995 New Line Productions, Inc. All rights reserved.
©2010 Warner Bros. Entertainment Inc. All rights reserved.

高慢・貪欲・肉欲・憤怒・貪食・嫉妬・怠惰。キリスト教の「七つの大罪」だ。「七つの罪源」
とも呼ばれる、人間を罪に導くきっかけになる、危険な感情と欲望のリストだ。「七つの
大罪」はこれまで多くの芸術家にインスピレーションを与えてきた。こうした感情や欲
望を、まったく持たない人間はいないからだ。そのため「七つの大罪」を取り上げた作品
では、それを皮肉やユーモアで笑いの対象にすることも多いのだが……。

【あらすじ】

　ある大都市。定年退職を 1 週間後に
控えたベテラン刑事のサマセットは、
地方警察から赴任してきた新人刑事ミ
ルズとコンビを組むことになる。

　彼らが最初に訪れたのは、肥満した
男の変死体発見現場だった。男の死因
は食べ過ぎ。彼は手足を拘束され銃を
突きつけられたまま、無理矢理食事を
摂取し続けたのだ。風変わりな殺人事
件。サマセットは部屋の冷蔵庫の裏に、
「大食」と書かれた犯人のメッセージ
を見つける。次の事件は有名弁護士の
変死だ。現場には被害者の血で「強欲」
という文字が書かれていた。

　サマセットはこれを、キリスト教の
「七つの大罪」になぞらえた連続殺人
だと見抜く。その予想通り、犯人は次々
に猟奇的な犯行を重ねていった。

【解　説】

　イエスが弟子や周囲の人たちに、繰り
返し語っていたことがある。「愛しなさ
い」「赦しなさい」「裁いてはならない」な
どだ。なぜイエスは同じことを何度も何
度も語ったのだろうか。それは人間が、
愛するより憎むことを好み、他人の罪を
赦さず、徹底的に裁き続けることが多い
からではないだろうか。人間は自分に甘
く、他人には厳しい。自分自身のことは
棚に上げて、他人の落ち度や欠点を容赦
なく批判し攻撃することがある。イエス
はそれを、強くたしなめているのだ。

　人間が持つこうした性格は、２千年後
の現代になっても全く変わらない。人々
は隣人の些細な失敗や、自分が受けた不
愉快な仕打ちを執念深く覚えている。自
分と直接接点のある人に対してだけでは
なく、ネットで見かけた赤の他人の非常

識な振る舞いに憤り、攻撃的なコメントを繰り返す人も多い。「悪いことは悪い」「悪いことを批判するのは正しいことである」という正義感が、攻撃する側の行動を際限なくエスカレートさせる。

「匿名」の中に身を潜める正義の人ほど、厄介なものはない。学生が他人の迷惑になるイタズラをSNSに投稿していれば、その身元を調べて学校にクレームの電話をかけ、学生が退学処分になったり就職の内定が取り消されるまで攻撃の手をゆるめない。有名タレントが失敗をすれば、事務所やテレビ局だけでなく、スポンサーにもクレームの電話をかけてテレビから追放してしまう。

この映画が作られた当時、インターネットはまだほとんど普及していなかった。だがここに登場する連続殺人鬼ジョン・ドゥは、ネット時代の「正義感の暴走」を予見しているようにも見える。ジョン・ドゥは匿名の人間だ。彼の正体を誰も知らない。本名を隠し、過去の記録を抹消し、指紋などの身体的な特徴すら消し去っている。だが彼は、犠牲となる人たちの些細な悪徳を見逃さない。執念深くその身辺を調べ上げ、用意周到な計画で相手に自業自得の最後を迎えさせるのだ。「悪いことは悪い」「悪いことを批判するのは正しいことである」という正義感が、ジョン・ドゥの行動の根本にある。

連続殺人犯のジョン・ドゥは異常な犯罪者かもしれない。だが彼を突き動かしている「悪を懲らしめたい」という処罰感情は、間違いなく我々の心の中にもあるものだ。繰り返される猟奇的な殺人に背筋をぞっとさせながら、観客は彼の振るう正義の暴力に、心のどこかで声援を送り、拍手しているのではないだろうか。正義はあらゆる残虐行為を正当化し、人間を酔わせる危険な麻薬なのだ。それは良心を麻痺させ、他者の痛みや苦しみに共感する力や、社会的な善悪の判断を奪い取ってしまう。正義さえあれば、人間はいかなる悪をも行うことができる！

キリスト教では、神を究極の正義としている。人間は一人残らず罪人であり、いかなる人も自分の正義を主張したり行使することはできないはずなのだ。だが歴史を振り返れば、人間は神の名を振りかざして残虐な行為を繰り返してきた。十字軍に代表される異文化の攻撃、魔女狩りやユダヤ人差別などはその代表的な事例だろう。だがこうした歴史的な事例を出さずとも、「それは罪である」「それは神がお喜びにならない」「悔い改めないと地獄に落ちる」などと他人を非難攻撃するキリスト教徒は、今でも山ほどいる。

それと地続きの場所に、ジョン・ドゥの掲げる正義はあるのだ。

ジャンヌ・ダルク
それは本当に神の声だったのだろうか？

作品概要
監督：リュック・ベッソン
出演：ミラ・ジョボヴィッチ
製作国：フランス、アメリカ
製作年：1999年

Blu-ray 1,800円＋税／DVD 1,200円＋税
発売・販売元：TCエンタテインメント
©1999 GAUMONT/EUROPACORP.

　ジャンヌ・ダルクの名前は誰もが知っているだろう。百年戦争を終結に導いた女性軍人であると同時に、カトリック教会が公認した聖人。神の声を聞いた10代の少女は祖国解放のために戦うが、敵の手に落ち、最後は宗教裁判にかけられ火刑台に消えた。そのドラマチックな生涯はこれまで何度も映画化されているが、本作は彼女が聞いた声の正体を探る心理サスペンスになっている。その声は、本当に神からのものだったのだろうか？

【あらすじ】

　15世紀初頭のフランスは、国土の半分をイギリスとその同盟者であるブルゴーニュ公に支配され、王太子シャルル7世も王として正式に即位できない状態だった。そんなとき、神のお告げを聞いたという農民の少女ジャンヌがシャルルの前に現れる。

　彼女は王太子を説き伏せて軍の指揮を任されると、イギリス軍の包囲で陥落寸前だったオルレアンの開放に成功する。この勝利からフランス軍は攻勢に転じ、シャルル7世もランスで戴冠式を行うことができた。だがジャンヌの戦いは終わらない。彼女はブルゴーニュ公との戦いで捕らえられ、身柄はイギリス軍に引き渡される。そこに待っていたのは、教会の教えに背く異端者としての裁判であった。

【解説】

　キリスト教は平和を訴える宗教だが、その歴史は、神の名を掲げて行われた戦争や殺戮の連続でもある。十字軍や魔女狩りはその最たる例だ。世界各国で繰り広げられた植民地獲得競争では、ヨーロッパからやって来た侵略者たちが、十字架を高く掲げながら先住民の土地を蹂躙した。その爪痕は、今でも世界的な紛争の火種となっている。平和を求めるはずのキリスト教が、なぜかくも好戦的な宗教になってしまったのだろうか？

　キリスト教は、その歴史のごく初期から好戦的な宗教だったのかもしれない。初代教会からの最初の数百年、ローマ帝国内におけるキリスト教の立場は、属州由来のマイナー宗教でしかなかった。それがほとんどのローマ人にとって取るに足らない弱小グループであったがゆえ

に、迫害の対象になることはあっても、キリスト教自体が抱える好戦的な部分が表沙汰になることはなかったのだ。

だが西暦312年にコンスタンティヌス帝が夢に見た十字架の旗印を掲げて戦いに勝利して以来、キリスト教の神はローマ人にとって最強の軍神になった。ローマ人たちは、帰依する者に輝かしい勝利を約束する霊験あらたかな戦(いくさ)の神として、万軍の主、王の王たるイエス・キリストを崇拝して、その前にひれ伏したのだ。人々はどんな戦争でもキリストに勝利を祈願し、敵を打ち倒しては、血なまぐさい戦場で神の栄光を賛美し、勝利の美酒に酔いしれた。映画『ジャンヌ・ダルク』は、そんな戦争を強く批判する。

敵に捕らえられて牢獄で裁判を待つジャンヌに対し、突然現れたひとりの男が挑発的に質問をぶつけてくる。

神は平和を望み、戦いなど求めていないのではないか？ 神が戦いを命じたというのは、お前の思い過ごしなのではないか？ 敵に復讐し懲らしめたいという自分の欲望を、お前は神の名によって美化・正当化しているだけなのではないか？ そもそも神の声とそうでないものを、どのような基準で見分けられると言うのか？ 天地万物を創造した全知全能の神が、被造物である人間ごときに助けを乞うことが有り得るのか？ お前が神のメッセージを伝える使者を自称するのは、神に対しても人に対しても、傲岸不

遜な振る舞いではないのか？

男はジャンヌの内面に眠っていた良心の声だ。男の批判の声に、ジャンヌの心は掻き乱される。自分の信じていたものが、誤りだったのではないかという疑念が生まれる。映画は牢につながれたジャンヌ・ダルクの内面的な葛藤を通じて、彼女が行ってきた「神の名による戦争」を批判するのだ。

だが批判されているのは、映画に登場する歴史上の戦争だけではあるまい。憎悪や嫉妬が原因で他者を誹謗中傷し、時には実際の暴力を振るいながら、それを神の名で正当化する人は少なくないだろう。この映画の作り手たちはジャンヌをとがめる良心の声を用いて、神の名を振りかざして他者を攻撃するすべての人を批判しているのだ。

この映画は、9・11同時多発テロや、その後のイラク戦争、アフガニスタンでの対テロ戦争、イスラム国の台頭などに先立って作られている。だが結果として、それらの戦争を予見するものになってしまった。まさか21世紀になってから、神の名による戦争や紛争がこれほど多く起きると誰が予想しただろう。

芸術作品の中には、作り手の意図を離れて優れた予言性を発揮するものがある。この映画もそうした作品のひとつかもしれない。

107

ダ・ヴィンチ・コード
キリスト教に対する秘められた嫌悪

Blu-ray 2,381円＋税／DVD 1,410円＋税
発売・販売元：ソニー・ピクチャーズ エンタテインメント

作品概要
監督：ロン・ハワード
出演：トム・ハンクス、オドレイ・トトゥほか
製作国：アメリカ
製作年：2006年

21世紀になってから作られたキリスト教関連映画の中で、良くも悪くも最大の話題作となったのが、本作『ダ・ヴィンチ・コード』だ。物語はもちろんフィクションだが、実在する場所・人物・団体・歴史上の事件が巧みに織り交ぜてあるため、ここに描かれていることを事実だと考える人も多かった。映画は世界中のキリスト教関係者から大きな批判と非難を浴びたが、そもそもこの映画が受け入れられヒットしたのはなぜだろうか？

【あらすじ】
　ルーブル美術館で館長のソニエールが射殺され、現場には奇妙なダイイングメッセージが残された。新刊発売イベントでパリを訪れていた宗教象徴学者のロバート・ラングドンは、パリ警察の依頼で事件に対して意見を求められる。だがじつのところ、警察はラングドンを犯人だと考えていたのだ。
　ラングドンは、被害者ソニエールの孫娘であるソフィー・ヌヴーの手引きで警察を出し抜き、現場に残された暗号をたどりながら事件の真相に迫っていく。一方事件の真犯人たちは、ソニエールがラングドンとソフィーに託した秘密の鍵を奪い取るため、ふたりの行方を追う。その秘密とは、秘密結社シオン修道会とイエス・キリストの聖杯に関係するものだった。

【解説】
　この映画で主張されているのは、伝統的なキリスト教にとってかなり不穏な内容だ。イエス・キリストは神ではなく、ただの人間だった。イエスはマグダラのマリアを妻にしていた。彼女はイエスの子どもを宿してヨーロッパに渡り、生まれた子どもはメロヴィング朝の始祖となって、血統は現代まで伝わっている。イエスがただの人間だったことは正統派の教会にとってあまりにも不都合だったため、教会はイエスの血統を絶つことに固執した。レオナルド・ダ・ヴィンチやアイザック・ニュートンも会員だったシオン修道会は、イエスの子孫を教会から守るために活動している秘密結社だ。この事実が明らかになれば、世界中に20億の信徒を持つキリスト教の教義は根本から覆されるだろう……。これが、映画の中

108　第4章　神なき時代のキリスト教映画

で語られていたことなのだ。

　はたしてこれは事実なのか？　個別の例について反論することも可能なのだが、それよりここで考えたいのは、なぜこのような主張をする作品が作られ、それが世界的に広く受け入れられたかだ。キリスト教徒が多いアメリカやヨーロッパでこの作品がウケるのはまだわかる。信徒離れが進んでいるとはいえ、キリスト教は欧米文化の基礎だからだ。だがこの映画は（原作も）、キリスト教信者が人口の１％に満たないとされる日本でも大ウケだった。イエスは本当に神だったのか、それともただの人間だったのか。マグダラのマリアはイエスの妻で、ふたりの間には子どもがいたのか。そんなことが、キリスト教徒ではない日本人に何の関係があるのだろう？

　人々がこの映画を支持したのは、キリスト教が２千年にわたって作り上げてきた価値観と社会の規範が、今になって行き詰まりかけているという感覚があるからではないだろうか。ヨーロッパ文明の歴史は、その多くがキリスト教の歴史と重なり合っている。ヨーロッパの近代は、キリスト教の存在なしには存在し得ないものだ。近代が生み出した民主主義や基本的人権といった価値観は、20世紀になって「普遍的なもの」として世界中に浸透している。キリスト教を信仰することがない人たちも、現代社会で暮らしている限り、間接的にキリスト教的なルールに縛られて生きざるを得ない。そこにある種の押しつけがましさや、息苦しさを感じる人たちも少なくないだろう。

　キリスト教ほど世界中の人に親しまれ、愛されている宗教はない。だが同時に、キリスト教ほど人々から疎まれ、憎まれている宗教もない。キリスト教の作り出した現代社会で生きづらい思いをする人たちは、キリスト教のない世界を夢想する。この映画が広範囲に受け入れられたのは、多くの人が社会の中で生きづらさを感じていることの反映なのだ。社会の中で息苦しさを感じている人たちにとって、キリスト教の社会的地位を揺さぶるかに見えたこの映画は、一服の清涼剤であったに違いない。

　ところでこの映画は、「反キリスト教」ではあっても「反キリスト」ではない。映画のどこを切り取っても、そこにはイエス・キリストという人物に対する敬愛の念が満ちている。映画に登場する人物の中で、イエス自身を否定し拒絶する者は誰もいないのだ。「イエス・キリストは大好きだが、キリスト教は好きになれない」という人は多いが、この映画もそれはまったく同じ。こうしてイエスという人物が人々に親しまれ愛されている限り、今後もなんらかの形でキリスト教が続いていくに違いない。

109

アレクサンドリア
キリスト教 2000 年の愚行カタログ

DVD 1,143円＋税
発売元：ギャガ
2009 MOD Producciones,S.L. ALL Rights Reserved.

作品概要
監督：アレハンドロ・アメナーバル
出演：レイチェル・ワイズほか
製作国：スペイン
製作年：2009 年

現在も首都カイロに次ぐエジプト第二の都市として知られるアレクサンドリアは、紀元前から地中海交易で栄えた国際都市だ。「世界の七不思議」のひとつだった大灯台の光は、100キロ以上離れても見ることができたという。世界中からさまざまな人々が集まり、70万冊の蔵書を誇る大図書館には、当時のあらゆる知識が詰まっていた。本作の主人公ヒュパティアは、そんな古代アレクサンドリアの文化と知性を代表する女性哲学者だ。

【あらすじ】

　西暦391年。アレクサンドリアの図書館では、女性哲学者のヒュパティアが哲学や数学を教えていた。そこは身分や信じる宗教に関係なく、学問を愛する心で結ばれた共同体だ。

　しかし町では急速に数を増したキリスト教徒と、伝統的な神々を奉ずる町の指導者階級との対立が深刻さを増していた。やがて両者は武力衝突。キリスト教徒である皇帝の仲裁により、図書館はキリスト教徒に引き渡され、異教の神殿と共に破壊されてしまった。キリスト教はますます勢力を拡大し、住民や町の有力者の多くがキリスト教に改宗するようになる。

　こうした風潮に異をとなえるヒュパティアは、キリスト教徒たちにとって邪魔で目障りな存在となっていく。

【解　説】

　2001年3月。当時アフガニスタンを支配していたタリバン政権は、イスラム教の戒律に反しているという理由で、世界的に有名なバーミヤンの仏教遺跡を爆破した。タリバン政権は9・11テロを起こした国際テロ組織アルカイダと関係が深かったことで国際社会と対立し、その後崩壊する。それにかわって国際テロ活動の主役になったのは、「イスラム国」と名乗る過激派組織だった。その支配下では敵対勢力や非イスラム教徒への弾圧が激しく、誘拐や人身売買、拷問や処刑が日常的に行われていたという。

　タリバンにしろイスラム国にしろ、彼らが自ら振るう暴力の根拠とするのは、イスラム教の聖典や戒律だ。文化財の破壊も非人道的な殺戮行為も、宗教的な権威によって正当化されている。このこと

で「イスラム教は野蛮で恐ろしい宗教」と考える人も多いに違いない。

しかし本作『アレクサンドリア』は、それに真っ向から異議をとなえる。歴史をさかのぼれば、キリスト教徒もイスラム過激派と同じことをやっていたからだ。キリスト教徒は神を賛美しながら異教徒に暴力を振るい、異教の神殿や偶像を傷つけ、異教の文化財を破壊し、最終的には人々に改宗を強制した。聖書を振りかざして世俗の権力に屈服を強い、自分たちの暴力行為を信仰によって正当化した。キリスト教は多様な文化が混在する社会の豊かさを踏みにじり、キリスト教一色に塗りつぶされた単純で単調な世界に作り替えてしまった。

映画に登場する5世紀のアレクサンドリアで起きたことは、イスラム国の支配地で行われていたこととほとんど同じではないか。なのにどうして、イスラム教だけが野蛮で恐ろしいと言えるのか。

この映画が作られた2009年の時点で、イスラム国はまだほとんどニュースの話題になっていなかった。しかし製作者たちは映画に登場する古代のキリスト教徒たちに、タリバンやアルカイダなど、現代のイスラム過激派の姿を重ね合わせ、結果としてイスラム国の出現を予見してしまったようにも見える。

映画の中に登場するキリスト教徒の姿を見て、不快に感じる人も多いに違いない。もともとキリスト教は平和の宗教だ。

信者の多くは争いを憎み、信じる宗教がどうであれ、隣人には憐れみと同情の思いを寄せる善良な人々だろう。だが残念ながら、映画に登場するエピソードの多くは実話をもとにしている。歴史資料の欠落を想像力で補った部分もあれば、史実と異なる映画的な脚色があるのも確かだが、女性哲学者のヒュパティアがキリスト教徒に殺されたのは事実だし、古代世界の知識を一堂に集めたアレクサンドリアの図書館が、キリスト教徒によって破壊されたという事実も変わらない。

長い歴史の中で、キリスト教は愚かな行為を積み重ねてきた。この映画はキリスト教の愚行の歴史を、1600年前のアレクサンドリアに集約しているのだ。

劇中に登場する異教徒の殺戮と異文化の破壊、ユダヤ人の追放と殺戮、教会の権威に従わない者への弾圧、女性に対する差別と迫害は、この後に登場する十字軍、ホロコースト、異端者の弾圧、魔女狩りなどのルーツと言えそうだ。これらは今でこそ「キリスト教が犯した過ち」とされているが、その一部は形を変えて、今でも生き残っている。

人類は歴史の教訓に学ばない。過去の愚行から目を背ける人間たちの手で、同じ愚行は何度も繰り返される。

111

愛のむきだし
キリスト教に「愛」はあるのか？

DVD 5,200円＋税
発売元/販売元：アミューズソフト
©「愛のむきだし」フィルムパートナーズ

作品概要
監督：園子温
出演：西島隆弘、満島ひかりほか
製作国：日本
製作年：2009年

　主要な登場人物の全員がクリスチャンという、日本映画にしては珍しい作品。ただしここに登場する信者たちは、必ずしも真面目で敬虔とは言いがたい。どこをどう見ても、信仰生活の模範になりそうもないハンパでポンコツな人間ばかりなのだ。原案・脚本・監督の園子温は、この映画で人間の「罪」の問題を取り上げるためにキリスト教の要素は不可欠だったと述べている。罪にまみれた人間を救うのに、信仰は役に立つのだろうか？

【あらすじ】

　コウはまだ幼い頃に母を失い、父のテツは妻の死後に猛勉強して神父になった。だがコウが高校生になった頃、真面目だった父は女性信者と親しくなって同棲を始める。さらに悪いことに、彼女がたった数ヶ月で去ってから、父の人格が一変してしまったのだ。

　父は毎日のようにコウに罪の告白を迫り、コウは告白する罪をでっち上げるため意図的に罪を犯すようになる。間もなくコウは、パンチラ写真の盗撮という変態行為に手を染めるようになった。その告白を聞いた父は激怒。だがそれは、コウとテツが、普通の父と子の関係を取り戻した瞬間だった。コウはますますパンチラ撮影に没頭していく。そしてある日、彼は自分自身にとっての聖母マリアに出会う。

【解説】

　登場人物たちは全員が「愛」の欠落を抱えている。その欠落を埋めるために、ある者は聖職者への道を選び、ある者は変態行為に邁進し、ある者は道ならぬ恋に身を焦がし、ある者は偽りの家族を作り、ある者はカルト宗教の幹部になる。だがそこで、彼らの心が満たされることはない。なぜなら、彼らが求める「愛」は、そこにないからだ。

　映画の中ではキリスト教が大きな役割を果たしている。キリスト教は、言うまでもなく「愛の宗教」だ。神は愛なり。あなたの隣人をあなた自身のように愛しなさい。わたしがあなた方を愛したように、互いに愛し合いなさい。愛は律法を全うするものです。聖書は愛に関する言葉に満ちている。だが聖書の言葉もキリスト教も、この映画に登場する人たちを救え

ない。彼らはキリスト教に直接触れた人たちであり、何人かはクリスチャンでさえある。それでも彼らは、自分の心の中にある欠落を、信仰によって埋めることができない。

それが象徴的に描かれているのは、ヒロインが海辺で「愛の賛歌」（コリント一13章）を絶叫する場面だ。結婚式などでもしばしば朗読されるこの有名な箇所をそらんじてみせながら、彼女は心の中に巨大な空洞と闇を抱え込んだままだ。彼女はカルト教団が示す偽りの優しさの中に、自分の慰めを見出している。

現代人は孤独だ。世の中にありとあらゆる娯楽が満ちあふれていても、それが人間の心の根源的な寂しさと痛みを癒やしてくれることはない。誰もが愛を求めている。自分を満たしてくれる本当の愛を欲している。そんな現代人の孤独に対して、キリスト教は何かしらの手を差し伸べることができるだろうか？

この映画はそれに対して「無理だ」と言っている。キリスト教に期待することはできない。主人公がヒロインに対して「教会に行こう」と語りかける言葉の、なんと空虚なことか。敬虔なクリスチャン家庭に育ち、神父の父親を持つ主人公自身が、この時点ですでに教会に失望している。神さまにも、聖書にも、教会にも、もはや何も期待できないのだ。キリスト教は、今この場で現実に苦しんでいる人を、少しも救ってくれない。

だがそれは、愛を語るキリスト教の偽善というわけではない。あまりにも厳しい現実の前に、教会やそこに属する個々の人間が出来ることは限られているのだ。カルト教団から妹を救出したいと訴える主人公に対して、「残念ながら彼女を救うことはできない」と断言する聖職者たちは、確かに無力に違いない。だがこの映画は、彼らを責めようとしていない。ひとりの人間の魂を救うためには、自分自身の命すら投げ出すような、戦いの決意が必要だからだ。

苛酷な現実の前に手も足も出せない人間が、あえてそこを突破するにはどうすればいいのか？　映画はそこで「愛」に希望を託している。自分のために一切の見返りを求めず、相手のために自分の身を丸ごと投げ出す激しい愛のほとばしりだ。信仰は頼りにならなくても、愛にはまだ力がある。最も偉大なものは愛。愛は決して滅びることがない！

ただお上品ぶって体裁や世間体を取りつくろう愛に、人の心を揺り動かし、生き方を変えてしまうパワーは無い。「愛を恥じるな」という劇中の台詞は、多くの愛を語りながら力を失いつつある日本のキリスト教にも、深く突き刺さる言葉ではないだろうか。

スポットライト 世紀のスクープ
教会の秘密を告発する新聞記者たちの葛藤

Blu-ray&DVD 発売中
発売元：バップ
©2015 SPOTLIGHT FILM, LLC

作品概要
監督：トム・マッカーシー
出演：マーク・ラファロ、レイチェル・マクアダムスほか
製作国：アメリカ
製作年：2015年

　2002年1月。ボストンの新聞社が、地元カトリック教会の内部で起きた、神父による子どもへの性的虐待事件をスクープした。これをきっかけに、アメリカだけでなく全世界で、教会内の児童虐待問題が暴露される。これはカトリック教会にとって近年最大のスキャンダルであり、教会の権威を大きく失墜させた。本作は最初の報道に至るまでの新聞社と記者たちの葛藤を描き、アカデミー賞の作品賞と脚本賞を受賞している。

【あらすじ】

　2001年、ボストンの老舗日刊紙「ボストン・グローブ」に、新しい編集局長がやって来る。彼は過去に小さな記事で取り上げたカトリック聖職者による性的虐待事件を、特集記事「スポットライト」で取り上げるよう提案。

　こうして記者たちによる事件の再取材が始まった。改めて調べてみると、事件は一人や二人の聖職者が起こした例外的事件ではないという現実がすぐに見えてくる。ボストンだけで、少なくとも十数人の聖職者が虐待事件を起こしており、それらはすべて巧みに隠蔽されて事件化していないのだ。教会は組織的に事件を葬り去っている。

　だが被害者は時間がたってもなお、深い心の傷を抱えたままだ。記者たちは少しずつ、事件の核心に迫っていく。

【解　説】

　本作のもとになったボストン・グローブ紙の報道は、大きな反響を呼んで、世界中で同様の事件が次々明るみに出るきっかけを作った。一連の記事は2003年のピューリッツァー賞を受賞。だが映画は記事の中身を紹介するのではなく、取材開始から第一報が世に出るまでの、新聞記者たちの奮闘ぶりを克明に再現する。

　この映画が明らかにするのは、世俗化しきっているように見える現代社会の中で、今もなお公的な権威として振る舞い、人々の心の拠り所となり続けている教会の姿だ。教会の権威が広く認められているがゆえに、内部で起きる不祥事は隠蔽され、外部に漏れ出すことはなかった。隠蔽をはかったのは教会だけではない。警察も、学校も、弁護士も、地元名士も、司法関係者も、みんなが事件を見て見ぬ振

りしてきた。なぜこんな不正が、長年まかり通ってきたのか？

アメリカはピューリタンによる建国神話があることでもわかるとおり、プロテスタント信者が社会の主流派を占める国だ。だがこの物語の舞台になったボストンは、アメリカの大都市には珍しくカトリックが多数派を占める地域であり、映画の中でも「うちの読者は半数以上がカトリック」という台詞がある。人々の暮らしとカトリック教会の距離が、非常に近い場所なのだ。

家族や身内の悪口を周囲にこぼす人も、赤の他人から身内を攻撃されれば反発する。それが人間の習性だ。ボストンの人々にとって、教会の不祥事は自分の身内に起きた不祥事だった。身内の恥を、外部にさらすわけにはいかない。だから人々は外部の手を借りず、すべてを内部でこっそり処理しようとした。

しかしこの問題は、ボストンのカトリック教会だから起きたわけではない。確かに映画で取り上げられた事件は規模が大きく、ひときわスキャンダラスであり、教会側の隠蔽も組織的で手が込んでいた。だがこの事件をきっかけに、世界中のカトリック教会で同様の事件が起きていたことが次々明らかになる。残念なことに、日本のカトリック教会もその例外ではなかった。場所は関係ないのだ。

どんな人も、自分の所属している組織や共同体を守りたい。自分の見知っている人たちが、薄汚い罪人として裁かれることを望まない。これは教会に限らない話だ。家庭でも、学校でも、役所でも、企業でも、あるいは地域社会や国家でも、そこに帰属意識を持つ人は、外部の批判や攻撃から何とかして身内を守りたいと願う。だがかえってそれが、組織のより深い傷になることもある。

「覆われているもので現されないものはなく、隠されているもので知られずに済むものはない」（マタイ 10:26）と聖書にある通り、どんな秘密も永久に秘密であり続けるわけではない。そのとき人々は、自分の身内が犯した悪と、真正面から向かい合わねばならなくなる。その苦しさと痛みが、この映画の大きなテーマになっている。

映画の中でもっとも切実で痛ましいのは、取材を重ねる二人の記者が、自らの信仰について語り合う場面だ。「子どもの頃は教会に通っていたが、いつからか足が遠のくようになった。それでも自分はいつかまた、教会に通うようになると信じてたんだ。だが事件の真相を知って、自分の心の中で何かが壊れてしまった」。これは教会に対する断罪ではない。心の中で大切にしていたものを奪われた者の、悲鳴のような叫びなのだ。

悪は暴かれ裁きを受ける。だがこの物語に、爽快なカタルシスはない。傷の痛みは、今も続いている。

神様の思し召し
無神論の天才外科医と型破り神父の対話

作品概要
監督：エドアルド・ファルコーネ
出演：マルコ・ジャリーニ、アレッサンドロ・ガスマンほか
製作国：イタリア
製作年：2015年

DVD 1,143円＋税
発売・販売元：ギャガ
©Wildside 2015

　日本人の大半は、自分を無宗教だと考えている。一昔前は「海外で無宗教と言えば変人扱いされる」というのが常識だったが、今は欧米でも、宗教に関心がなく、特定の宗教に属している自覚もない日本型の無宗教が増えている。現代人の宗教離れは世界共通なのだ。本作の主人公は、無神論者のエリート医師。こんな人物が映画の主人公に成り得るのも、ヨーロッパ社会が急速にキリスト教離れを起こしている証拠だろう。

【あらすじ】

　天才的な腕を持つ、心臓外科医のトンマーゾ。向かうところ敵なしの人生を歩んできた彼にとって、目下の心配事は、デキの悪い娘がつまらない男と結婚したことと、医学生の息子が夜な夜な同性の友人と出かけることだった。いい年をして彼女もいないのか。いや、ひょっとするとこれは……。

　息子から「家族みんなに話がある」と言われたトンマーゾは、てっきり息子が同性愛を告白するものだと身構えた。だが彼の口から出たのは、「医者にならず神父になりたい」という意外な言葉だった。なぜよりにもよって宗教なんだ。息子はおかしくなった。これはきっと、誰かに洗脳されたのだ。

　トンマーゾは、息子が心酔している神父について調べはじめる。

【解　説】

　2015年の東京国際映画祭で上映されて大評判となり、観客賞を受賞したコメディ映画だ。何度も笑わせたかと思うと、ハラハラドキドキさせ、最後はしっとりとした余韻で締めくくられる。

　爆笑ポイントは幾つかある。映画の序盤で息子から「神父になりたい」と告白された主人公の脳裏に、キリスト教にまつわるありとあらゆるネガティブなイメージが湧き上がる場面もそのひとつだ。

　キリスト教は、非科学的で、暴力的で、残酷な、旧時代の迷信ではないのか。科学が発達した現代に、宗教など必要ない。宗教を信じるのは無教養な貧しい人たちか、人生の悩みに圧し潰されそうになっている弱い人間だけだ。高い教育を受け、何不自由のない生活をしている人間には、宗教など百害あって一利なし。も

し宗教にのめり込む者がいたとすれば、それは怪しげな指導者にうまく騙されているのだ。宗教家というのは、他人の弱みに付け込んで、貧乏人から金を巻き上げようとする不届きな連中だ！

いささか戯画化されてはいるが、これは現代人がキリスト教に対して抱く先入観の典型でもある。

現代人の多くは神を必要としていない。宗教を排斥し攻撃する無神論者は極端だとしても、多くの人は宗教と適度な距離を保ち、自分自身で切実に神を求めたり、霊的な真理を追究することはない。

人間の社会がこれほどまでに宗教に対して冷淡になったのは、おそらく人類の歴史の中でも初めてのことだ。太古の人間は自然の営みや自分自身の運命の背後に、目に見えぬ神の存在を感じてきた。人間であれば誰もが、世界を司る超自然の存在を前提として生きていた。それは20世紀の中頃まで、当たり前のこととされてきたのだ。だからこそ、「無宗教の日本人」は、世界の中でもきわめて特殊で非常識な存在に見えた。

しかし今や、無宗教の人が世界中で増えている。日本でも「特定の宗教の熱心な信者ではないが神仏を崇敬する」という従来型の無宗教から、超自然の存在を完全否定する、無神論に近い無宗教が増えて来たように思う。

本作はそんな時代の中にあって、神の存在を認めない無神論者と、神に救われた体験を語る聖職者の間に、「神を巡る対話」の機会を設けようとする。

現代社会にあって、宗教の持つ意味は何なのか。そもそも神の存在証明は可能なのか。笑いのオブラートに包んではいるが、ここで問われているテーマはシリアスなものばかりだ。無神論者と神父の対話は多くの場面ですれ違いながら、それでも少しずつ歩み寄ってい行く。

神の存在や宗教の必要性について、映画が明確な答えを出すわけではない。ここで問われているのは、そうしたわかりやすい結論ではないのだ。物質文明に囲まれて科学万能主義に凝り固まった現代人が、目に見えない大切な何かを受け入れられるかどうかが問われている。

「信仰とは、望んでいる事がらを確信し、まだ見ていない事実を確認することです」（ヘブル 11:1）と聖書は語る。これは分厚い聖書の中で、信仰について語られているほとんど唯一の箇所だ。映画に登場する無神論者の天才外科医は、物語の最後までキリスト教そのものを受け入れてはいない。だが「信仰」の定義が聖書の語るようなものなのだとしたら、映画のラストシーンで、彼は信仰の入口に立たされているのかもしれない。

117

沈黙-サイレンス-
ハリウッドの巨匠が描くキリスト教禁教下の日本

作品概要
監督：マーティン・スコセッシ
出演：アンドリュー・ガーフィールド、窪塚洋介ほか
製作国：アメリカ
製作年：2016 年

Blu-ray 4,743円＋税／DVD 3,800円＋税
発売元：KADOKAWA ／ソニー・ピクチャーズ エンタテインメント
販売元：ソニー・ピクチャーズ エンタテインメント

原作小説「沈黙」は、遠藤周作の代表作のひとつ。キリスト教が禁じられた江戸時代の日本に密入国して捕縛され、拷問の末に棄教した実在の神父たちをモデルにしている。この小説は 1971 年（昭和 46 年）に『沈黙 SILENCE』として篠田正浩監督によって映画化されているため、本作はマーティン・スコセッシ監督による 2 度目の映画化。1988 年頃に原作を読んだ監督にとっては、念願の映画化実現となった。

【あらすじ】

「日本で宣教していたフェレイラ神父が棄教した」。ポルトガルのイエズス会に届いたこの知らせに、フェレイラの教え子だったロドリゴ神父とガルペ神父は動揺する。

17 世紀の日本ではキリスト教が禁じられ、宣教師が入国すれば捕らえられて処刑される危険があった。しかしそれを承知の上で、フェレイラは日本に向かったのではなかったのか？

ロドリゴとガルペは真相を知るため日本に向かう。案内人は、マカオで出会ったキチジローという日本人。彼の手引きで長崎の小さな村に上陸したふたりは、潜伏キリシタンたちの素朴で力強い信仰に感動する。だが奉行所の追及は厳しく、間もなく彼らは役人に捕らえられてしまった。

【解説】

映画の中に印象的な場面がある。それは捕らえられたキリシタンたちに、奉行所の役人が踏み絵を強いる場面だ。役人は「踏むのは形だけでいい」と言う。「少しだけ軽く足を載せればいい。気持ちがとがめるなら、踏むのは絵の中心を外しても構わない。端にちょっと足の指先をかけるだけでいい」と説得する。

内心の信仰はとがめない。人が心の中で何を信じるのも自由だ。しかしそれを態度で表明することは許されない。形式的に棄教の意思表示さえ示せば、それで役人は信徒を傷つけずに済むし、キリシタンたちも苦しまずに済む。だから形だけのことなのだ。形だけでも役人に従う態度を示せば、それ以上の追及はしない。役人は余計な仕事が減るし、信徒たちも心の中の信仰を守ればそれでよい。

この場面が切実なリアリティを持って迫ってくるのは、これと同じような会話が、今でも日常のあちこちで行われているからだ。同級生とケンカをした小学生は、「自分が悪いと思っていなくても、相手に謝りなさい」と教えられる。心のこもっていない謝罪を受けた側は、「相手が本気でないとしても、謝られたら許してあげなさい」と教えられる。世の中は内面の心情よりも、まず形式主義で動いている。それは子どもの頃から刷り込まれ、日本社会の常識になっている。

監督のマーティン・スコセッシは、この映画の原作を『最後の誘惑』(1988)の製作直後に読んだのだという。当時『最後の誘惑』は保守的なキリスト教徒たちから激しい批判を浴び、映画の配給や上映に際してもさまざまな妨害を受けていた。映画の中にはキリストが結婚して子を設ける場面があり、これがキリスト教保守派の怒りを買ったのだ。

「これはキリスト教に対する冒瀆だ」「神を穢した誤りを認めろ」「こんな映画はこの世から消し去ってしまえ」という非難の嵐。おそらく監督のもとには、「形だけでも謝罪すべきだ」「批判の声を入れて映画を編集し直してはどうか」という親切で打算的な助言が数多く寄せられただろう。

だがそんな中で、スコセッシは小説「沈黙」に出会う。これを紹介したのは、キリスト教関係者向けの試写で『最後の誘惑』を観た聖職者。スコセッシは役人から棄教を迫られるキリシタンや司祭の姿に、製作した映画のことで世間から非難を浴びる自分自身の姿を重ね合わせたに違いないない。その思いが切実であればこそ、彼は20年以上もこの作品の映画化権を手放すことができなかったのだ。

人は時として自分の信念を曲げて、何かを無理に言ったり行ったりすることを強いられることがある。踏み絵はいつの時代にも存在しているのだ。「ポーズだけでいい」「形式的なことだから気にするな」「みんなやってること」「恥じることはない」「意地を張ると他の人が迷惑する」と、周囲はあの手この手でそれを踏むように勧めてくる。それでも踏まずに自分の意志を貫けるなら、それはそれで立派なことだろう。だが意思を貫くのは、あまりにも困難な道だ。

『沈黙 サイレンス』は江戸時代の日本が舞台だが、そこに描かれている事柄は現代にも当てはまる。周囲の目をはばかって、自分の言いたいことが自由に言えない社会。自分の信じるものや考えることのせいで、世間や権力から強く非難されることになる世界……。

最近の日本はどういうわけか、特にその傾向が強まっているようにも思える。これは、気のせいだろうか?

120 第 **4** 章 神なき時代のキリスト教映画

特別対談

「シネマとイエスと、時々、聖書」

映画とキリスト教の関係を、
クリスチャンたちはどう見ているのか？
聖書やキリスト教が大好きなノンクリの映画批評家と、
映画が大好きな現役牧師によるクロストーク。

第5章

特別対談

服部弘一郎

日本人にとってのキリスト教

服部 日本人で海外の映画やドラマが好きな人でも、作品中のこの人物がなぜこんな行動をするのか、そうした行動がなぜ物語の中で受け入れられるのか、よくわからないと言う人がいますよね。そうしたことの背後にはキリスト教的な考え方や文化があることも多いのですが、多くの日本人はキリスト教との接点が多いとは言えず、ピンと来ないようです。

青木 欧米ではキリスト教が身近で当たり前の存在ですから、物語の中でいちいち説明しなくても通じるんですけどね。キリスト教や聖書のことがわかると、より面白く感じたり、深く味わえたりする作品がたくさんあるのですが……。

服部 日本人が知っているキリスト教は、中学や高校の授業で習う断片的な知識が核になっています。それは世界史や倫理の教科書に出てくるキリスト教です。例えば世界史なら、4世紀にローマ帝国がキリスト教を国教にしたことと、16世紀に起きた宗教改革の話が必ず出てきます。確かにこの二つを抜きにして、ヨーロッパの歴史は理解できないでしょう。でも歴史教科書で触れられているキリスト教関連の出来事は、多くの場合この2つくらい。日本人が学校で覚えるキリスト教についての知識は、最初からすごく偏っているんです。

青木 日本人の中のキリスト教徒は1％未満。それでもクリスマスは盛り上がるし、結婚式はなぜかキリスト教式が多いんですが、葬儀はほとんどが仏教式です。映画やテレビドラマにキリスト教徒が出てくることは、残念ながらほとんどない。最近はマスコミでお坊さんが脚光を浴びることが増えましたが、牧師さんや神父さんと個人的に親しいのは、クリスチャンを除けば、キリスト教系の幼稚園や学校に通った人くらいかな……。

服部 そうした社会では、映画に登場するキリスト教に観客が気づかなくても仕方がないのかもしれませんね。

青木 日本だとクリスチャンでも、映画の中に出てくるキリスト教やキリスト教的なものに気づかないことが多いですよ。

服部 聖書やキリスト教をモチーフにした作品はさすがに気づくはずですが、そ

× 青木保憲

青木保憲　あおき・やすのり
1968年愛知県生まれ。愛知教育大学大学院を卒業後、小学校教員を経て牧師を志し、アンデレ宣教神学院へ進学。京都大学教育学研究科卒業(修士)、同志社大学大学院神学研究科修了(神学博士)。大阪城東福音教会(ペンテコステ派)牧師。著書に『アメリカ福音派の歴史』(明石書店)。

れ以外の恋愛映画やアクション映画にも、実はキリスト教的な要素が散りばめられていることがあるんですけどね。

『永遠の0』に隠された聖書の物語

青木　これは洋画ではなく日本映画なんですが、数年前に『永遠の0』(2013)という作品が大ヒットしましたよね。映画の内容に賛否はあるでしょうが、多くの人が感動して映画館で泣いていました。でもあの映画の中にも、キリスト教的要素はあるわけです。人のために犠牲になるとか、自分が命を失っても、大切なものを将来の人々のためにつなげていこうとかね……。そういうことで感動するなら、十字架でキリストがしたことにも同様のコンテンツが満載されている。

服部　『永遠の0』の原作を読んだり、映画を観たりして感動する人と、聖書を読んでキリストの存在に感動する人は、実は同じ要素に感動しているのかもしれ

ないと？

青木　そうだと思います。『ドラえもん』や『ルパン三世』にしても、あれだけ長期にわたって世代を越えた人気があるのは、人として感動できる「共通のもの」が存在しているからだと思うんです。それは聖書の中にもあるんです。

服部　ハリウッド映画は基本的に勧善懲悪の物語が主流ですが、その根底にはキリスト教的な要素があります。例えば、正義と悪が戦い、一時的には悪が優勢になっても、最後は正義が勝利する……。これは、新約聖書の「ヨハネの黙示録」と同じストーリーラインです。ハリウッド映画はそれを、聖書を知らない人にも通じる普遍的なものへと昇華させている。そして聖書もキリスト教も知らない日本人が、そうしたキリスト教的な世界観を何の疑いもなく受け入れているわけです。

青木　そういう意味でも、これからの教会は「キリストの弟子」を作るのではな

く、「キリストのファン」を育てる努力を
すべきでしょう。キリストのファンが集ま
っているのが教会であって、その中でも
コアなファン、ガチ勢が教会を支えてい
く。歴史的に見ても、教会とはもともとそ
ういう場所だったはずですよ。

服部 そうですね。日本人はキリスト教
そのものを知らなくても、キリスト教的な
世界観や歴史観を、知らないあいだに受
け入れている。ハリウッド映画に人気が
あるのもその証拠です。イエス・キリスト
の生き方や教会の教えに、親しみを感じ
る素地は十分にあるはずなんです。

青木 日本人のキリスト教に対する偏見
のひとつに、「キリスト教は西洋の宗教」
というものがあります。しかし歴史を振り
返れば、国や地域ごとに、そこに根差し
た新しいキリスト教が生まれたのです。

服部 キリスト教発祥の地はパレスチナ
ですから、地域的にはアジアですしね。

青木 キリスト教的な映画でもヨーロッ
パの作品は、人間の内面を掘り下げた深
刻な作品が多いような気がします。ハリ
ウッドのキリスト教は逆に、水戸黄門が
印籠を出して一件落着のような、ある意
味では福音的なものが多いんじゃないか
と（笑）。

服部 確かに、そんな傾向はある。

青木 そして日本には、日本的なキリス
ト教がある。キリスト教と日本人が出会
う中で、戸惑いながら、三歩進んで二歩
下がるような歩みの中から、日本的なキ

リスト教映画が誕生するかもしれません
よ。ところで服部さんは、スコセッシの
『沈黙 サイレンス』（2016）をどう観ま
したか？

映画『沈黙』と日本人キリスト教徒

服部 僕は『沈黙』を観て、ハリウッド映
画が日本におけるキリスト教の立場や日
本人の宗教観を、これほど克明に、リア
ルに描いたことに感心したんです。

青木 それはどんな場面ですか？

服部 踏み絵を迫る役人が「そっと踏め
ばいい」とか「形だけ踏んでくれればい
い」と、キリシタンたちにうながすシーン
がありましたよね。あれはまさに、今の日
本で起きていることと同じです。君が代
や日の丸の問題もそうですよね。「心の
中の信仰は否定しないけど、行動はみん
なに合わせればいいじゃん」と。

青木 なるほど。

服部 形式的に絵を踏んでくれれば、そ
れでみんな満足するし、誰も不幸になら
ないわけです。そうすることでキリシタン
は自分や仲間や家族を守れてハッピーだ
し、役人たちもキリシタンを傷つけたり殺
したりせずにハッピーでいられる。それ
なのに、なんでそこで余計な意地を張る
んだよと……。

青木 空気を読め、忖度しろと。

服部 そういう感覚は日本人の中にすご
くあるじゃないですか。だからよくもま
あ、スコセッシがあれをじっくり丁寧に描

いてくれたなと……。結局、映画作家がつきつめて人間を描いていくと、ある種の普遍的なもの、本質に達してしまうのかもしれません。

青木 意外なんですけどね、私が気になった場面も、やっぱりそこなんですよ。ただし見方はちょっと違います。

服部 といいますと？

青木 キリスト教というのはあそこで棄教した弱い人を排除して、最初からいなかったことにするのです。キリスト教の中で語られるのは、棄教せずに最後までがんばった人たちだけですよ。その理屈というのは西洋にもあるし、日本のキリスト教徒、特に西洋の宣教師から薫陶を受けた人たちはそういう思いが非常に強い。

服部 カトリック教会などに伝わる聖人伝の多くは、キリスト教弾圧の中で亡くなった人たちの物語です。今でも迫害の中で信仰を守ったり、殉教する人が英雄視される傾向はありますね。

青木 映画の主人公である若い司祭は、最後に絵を踏んで棄教の意を示します。でも踏んでしまった主人公の思いというのは、日本人がいちばんよくわかるんじゃないでしょうか。映画にはイッセー尾形が演じる、井上筑後守という老獪な役人が登場しますよね。彼はカトリック信仰に興味を持っていて、理解もしていて、その上で主人公に絵を踏むべきだと迫る。キリストの絵を踏むというのは、実際目の前の人を助けることになりますし、

あの司祭がしたことは日本人のわかる自己犠牲の精神にもなる。

服部 なるほど。

青木 映画の最後に「日本のキリスト者に捧ぐ」と出るじゃないですか。あれに怒る人はいます。しかし、僕はわかるというか、ありがとうという気持ちになる。主人公が自分を犠牲にしたおかげで、多くの人の命が助けられた。要するに『永遠の0』と同じです。

服部 僕はもう少し意地悪な見方です。実は『沈黙』には、主人公が弱さから棄教したととれる部分もある。主人公が逃げ回っている中で、水鏡の中にキリストの姿を見る場面がありました。

青木 ありますね。主人公が役人に捕らえられる直前の場面です。

服部 キリストは水鏡に映った主人公の顔を通して、主人公に語りかけてくる。主人公が水鏡の中に見ているキリストは、実は主人公自身の姿なんです。ですからキリストの声として聴いているのは、主人公の心の中の声でしょうね。だとすれば、彼が最後にキリストに「踏みなさい」と言われて絵を踏んだのは、主人公が自分で踏みたいから踏んだんですよ。確かにそれは、他の人を助けるためだったという解釈もできるけれど、自分が苦しいから、その苦しみから逃れるために踏んだようにも取れる。

青木 なるほど。そうかもしれません。

服部 スコセッシは長いエピローグの後

125

に、主人公が長崎で信徒から受け取った十字架を握りしめて棺に入るという場面を付け足していますよね。主人公の棄教は形だけのもので、内面の信仰は守ったという意味なんでしょうが……。

青木 確かにそういう解釈も説得力がありますけど、「踏むがよい」という最後の声については、それを神の声だと受け止める信仰があってもいいと思うんです。

服部 映画の中には、人間の平等を説くはずのキリスト教であっても、当時は日本人キリスト教徒が格下に見られていたという現実が描かれていましたね。浅野忠信が演じていた通辞（通訳）は一時期熱心な信徒でしたが、ヨーロッパ人宣教師たちの日本人差別を目の当たりにして、信仰を捨て去ります。

青木 司祭の「これが真理だ」と言い切る態度に対して、キリスト教に精通している通辞はいろいろな角度から反論し、攻めてきます。

服部 キリスト教を信じることは、白人社会の文化や文明に屈服することであり、ヨーロッパの精神的な奴隷になることだという感覚は、今でも日本人の中にあるのかもしれません。そういう感覚を、映画の中の通辞が代弁していたような気がします。

信じる人 VS 信じない人

──服部さんのような書き手に対して出てくるのは、「しょせん信じていないだろう」「信じていない人間に何がわかるのか」という意見です。

服部 僕は両親がクリスチャンですし、キリスト教はいいものだと思って子どもを教会に通わせていたら、子どもは洗礼を受けてクリスチャンになりました。

青木 ほぉ、いいじゃないですか！

服部 キリスト教に限らず、信仰を持つ人を「弱い人間だ」と蔑むような風潮が今の日本にはあるじゃないですか。でも僕は、キリスト教などの伝統宗教を学んで、その存在を知っておくのはいいことだと思うんです。

青木 それはなぜですか？

服部 例えばアルプスやヒマラヤで登山をする人は、ザイルで体を結びますよね。万一の事故が起きた場合でも、滑落しないための命綱です。実際に使うことがあるかどうかは別として、安全確保のためのザイルがあるからこそ、安心して高い山にも登れる。キリスト教も同じで、頼るべき命綱としての信仰を持っているからこそ、安心してより力強く生きられるという面があるのかもしれません。

青木 人間は自分が弱い存在だと自覚して神に祈る。祈るべき神を持つことで、本来弱いはずの人間が強くなる……。

服部 僕はできれば安泰に生きたいけれど、人生に何があるかはわからない。だからいざというときの命綱のありかぐらいは知っていた方がいい。せいぜい聖書

を読んでおこう、教会の場所ぐらいは知っておこうと……。

青木 （笑）

服部 でも困ったことに、僕自身は神様を信じられないんですよ。どんなに聖書を読んでも、キリスト教について勉強しても、信じられないものは信じられない。

青木 信じられる、信じられないというのは難しい問題で、クリスチャンの中にも「聖書のこの箇所は信じるけれど、ここは信じられない」と仰る方もいます。

服部 たぶん信仰を持つ人とそうでない人との決定的な違いは、「祈る対象」を持っているかいないかなんだと思いますよ。僕は「祈れない人」なんです。だから素直に祈ることができる人っていいなあと、普通に思うんですけどね。でも、自分はやはり祈れない。

青木 祈れませんか……。

服部 僕は「祈れない」というのが、現代人にとっての最大の問題のような気がしています。この本に書いた例で言えば、『少年の町』（1938）でミッキー・ルーニーが演じる不良少年です。この映画が作られたのは今からもう80年ほど前ですが、その時点で、すでに神に祈れない人が世の中に大勢いたんだと思います。

青木 なるほど。

服部 この本には取り上げませんでしたが、アン・ハサウェイ主演の『レイチェルの結婚』（2008）も、やはりヒロインが祈れない人でした。祈れないというの

は、信仰を持たないとか、神さまにお祈りできないという意味ではありません。他者にすがって自分の罪をゆるしてもらいたいという希望や、誰かに罪をゆるしてもらえるであろうという期待が、一切持てない状態なのです。個人の罪はその個人が抱え込んだまま、ずっと生きて行かねばならないし、周囲の人々もその罪をゆるす必要を感じつつ、やはりゆるせないまま苦悩する。結局どうしようもないまま、『レイチェルの結婚』という映画は終わります。

青木 罪のゆるしは、キリスト教の大きなテーマなんですがね。

服部 この映画を観たときに、キリスト教は現代社会の中で、もう役に立っていないのだと思いました。「あなたの罪はゆるされた」と誰かに言われ、それを信じられればどんなに楽になるかわからない。でもこの映画の中では、誰もそれを信じていないんですよ。罪がゆるされることを願いつつ、実際に罪がゆるされとは誰も信じていない。これが嘘偽りのない、現代人の姿なんだと思います。

青木 そうですか。

服部 僕も同じです。祈れないから、やっぱりキリスト教徒にはなれない。キリスト教であれ何であれ、祈る対象をそこに見出せた人は、ある意味で羨ましいと思います。これは皮肉でも何でもないですよ。本気でそう思っているんです。

『フットルース』と聖書

——青木先生の原点は『フットルース』（1984）だそうですね。そのお話をぜひ。

服部 ダンス好きの転校生が牧師の娘と恋仲になる話でしたよね。

青木 そう。僕はあの映画を大学のときにビデオで借りてきて、徹夜で10回くらい観ました。毎回泣いていました。あの物語に出てくるケヴィン・ベーコンと牧師の娘の心情というのは、僕そのものだと思ったんです。僕が学生のときに教会のキャンプに行くと、ロックはだめだ、ビートルズはレコードを逆回転させたら"Praise the Satan"と聴こえるとかね。そういうことを牧師が言いながら、「ビートルズやストーンズ、U2が好きな者、いるか？」と。で、「神は言われる、『悔い改めよ！』と」。そう祈るわけですね。それで、翌週にみんながそういうロックのカセットテープとかを教会に持ってきて、牧師に差し出して……。

服部 すごいな。焚書坑儒だ！

青木 まあ焼きはしないけど、牧師がどこに持って行ったのかはわからない。実は牧師が聴いていたりして（笑）。

服部 それはそれで、いい話だけど（笑）。

青木 まさにそういうところを通ってきたので、『フットルース』を観たときに「これは俺の映画だ！」と。それと、僕の中には宣教師のいいイメージも悪いイメージもある。『フットルース』ではケヴィン・ベーコン側が勝って終わりなのかなと思っていたら、違うんですよね。牧師の娘が、ケヴィン・ベーコンにちゃんと知恵を授けるんですよ。聖書のここを読んで、こういう話をしたら、お父さんに通じるからと。

服部 ああ、確かにそんな展開でした。

青木 あれはね、私の属していたペンテコステ派がまさにそうなんですよ。文脈はあまり関係ない。聖書に書いてあるから真実だと受け止める。その箇所から受けるイメージが世界観を構築し、あとはインスピレーション。そういったものだけで、なんとなくみんな神から語られた啓示として聖書の言葉を受け止めて納得する。「神の前で踊った」とか、そういう聖書個所を引用することで、今まで禁止していたダンスを認める発言を牧師がするようになる。映画の最後の方で、牧師役のジョン・リスゴーが「彼らの言うことを信じてあげましょう」と。その瞬間、僕は涙がダーッと……。

服部 そこで泣きますか！（笑）

青木 号泣ですよ（笑）。そのとき、聖書をわかりやすく、きちんと解釈をつけて話すことで、教会は変えられるんだと思ったんです。ぶつかり合って終わりではなくて、お互いの主張の妥協点を聖書の言葉によって見出すんです。これこそが、僕がしたいことだと思いました。

面白いキリスト教映画とは?

——最近ではキリスト教メディアが「これはキリスト教映画だ」と取り上げてきた映画が、軒並み教会のプロパガンダ映画でしかなかった。映画のエンターテイメント性やダイバーシティという点で言うと、全然面白くない。

服部 キリスト教系の映画で文句なく面白いのはオカルト映画くらいです。

青木 映画そのもので面白いと思ったのは、この本で取り上げられている作品だと、『キャリー』(1976)、『狩人の夜』(1955)、『愛のむきだし』(2009)、『ローズマリーの赤ちゃん』(1968)、『デッドゾーン』(1983)、『エクソシスト』(1973) など。『ダ・ヴィンチ・コード』(2006) や『セブン』(1995) もいいですね。最近だと『ブレードランナー2049』(2017) も面白かったです。僕にとってはこういう作品こそが、「キリスト教的映画」なんです。

——**でもこういう作品は、教会ではあまり評価されないのでは?**

服部 僕は『ダ・ヴィンチ・コード』を全然面白いとは思わなかったんですが、それはさておき、キリスト教徒が少なく、キリスト教文化にも縁遠い日本でこれがウケるのが不思議だと思いました。「イエ

ス・キリストは結婚して子どもがいたのか?」とか、「最後の晩餐に重大な秘密が隠されているのは本当か?」とか、そういうことを気にする日本人が、どういうわけかすごく多いんです。そんなこと、キリスト教徒以外に関係ないだろうに。

青木 確かに。

服部 結局日本人は、どこかで聖書は特別な本だと思っているし、神さまはいるらしいと思っているんですよ。そうでなければ、『ダ・ヴィンチ・コード』が日本でもウケる理由が説明できない。でも、それが教会には結びつかないんですよね。

青木 それは教会側が、そういう人を切り捨てていますから。「興味本位で教会に来ないでください。私たちはそんな低俗なものとは違うんです」ということでしょうか。でも僕は教会に同志社大学の先生にも来てもらって、『ダ・ヴィンチ・コード』の講演会を開きました。そうしたら普段は教会と縁のない人たちが、大勢来ましたよ。講演の中では『ダ・ヴィンチ・コード』に反対するペンテコステ系の編集長にも来てもらい、30分間ほど反論の時間も作った。だから反対派の人たちにも宣伝効果があって、そっち側の人もたくさん来ました (笑)。そういう手段を使えば、人は来るんだなと。

服部 エンタテインメント作品を使った伝道活動ですね。エンタテインメント作品と言えば、僕は「キリスト教って立派な人が信じる宗教ですよね」とか「キリスト

129

教を信じると心がきれいになれますか」と言われると、「そう思うなら、まず『ゴッドファーザー』(1972)を観なさい」と言いますね。あの映画に出てくる人殺したちは、みんなクリスチャンですから。

青木 どう考えても、立派な人や心がきれいな人たちではない……。

服部 『天使にラブ・ソングを…』(1992)にも、大笑いするシーンがありました。ギャングのボスが秘密を知る自分の愛人を殺そうとするんだけど、尼僧の格好をしているから殺せない。イタリア系のギャングはみんな熱心なカトリックですから。

青木 偽物のシスターだとわかっていても、バチ当たりなことはできない。

服部 横目でその様子を見ていたヒロインが、「一緒に祈りましょう！」。

青木 それで祈っちゃう！（笑）

服部 「私は聖書を読みます。教会にも熱心に通っています。神様にも祈ってます。でも洗礼は受けられないんです」という人には、「そんなの気にせず洗礼を受けたら？」と僕は言います。大事なのは祈る気持ちだと思っていますからね。祈れるなら、洗礼を受ければいいじゃないですか。「私には洗礼なんて受ける資格がない。そんな立派な人間じゃない。もっと勉強しなければ」という思い込みは、映画を観ることで突き崩していけるような気がします。

青木 『天使にラブ・ソングを…』は私も好きな映画のひとつです。昔の人は『ベン・ハー』(1959) などでキリスト教に興味を持ったのでしょうが、90年代以降は『天使にラブ・ソングを…』が絶対大きな影響を与えたと思っています。いま服部さんが紹介したシーンも、日本人はわからないと思うんですよ。殺せないというのはわかるけど、「祈りましょう」というあのギャグとか、歌うときに「マイガイ」を「マイゴッド」に変えた面白さとか。そしてラストシーンで、なぜ教皇の前であんな風に歌うのかとか。それがわかると、もっと面白くなるんじゃないかなと僕は思います。

聖書が持つ普遍性

服部 ハリウッド映画のストーリーの型に、主人公が一度どん底に落ちて、もうダメだというところから大逆転していくパターンがありますよね。このパターンは日本人も知らず知らずのうちに身につけて、多くの映画やドラマで模倣されています。実はこれが、とてもキリスト教的なんです。

青木 元ネタになっているのは、キリストの受難と復活ですね。

服部 かつてアメリカのクリントン大統領が「不適切な関係」で議会やマスコミから責められたとき、彼は最後にそれを認めて謝罪したじゃないですか。するとアメリカ人は、大統領の罪をゆるしてしまうんですよ。「罪をゆるせ」という聖書の教えが、こうした場面で発動する。日

本だったら認めた途端に、それまで以上に叩かれるでしょうにねぇ……。

青木 袋叩きですね。相手が立ち直れなくなるまで、徹底的に叩き続ける。

服部 だから日本人は、失敗を絶対に認めずに誤魔化すんです。あるいは「遺憾に思います」とか「世間をお騒がせしたことをお詫びします」など、よくわからない謝罪をする。

青木 クリントン大統領は、米国ではペトロのイメージで受け止められたと言われています。ペトロは三度キリストを否んで、三度イエスから「私を愛するか」と問われて、やがて教皇のルーツになっていくじゃないですか。アメリカのクリスチャンはそういうイメージを無意識的に持っているので、誤りを告白されるとゆるすんですよ。聖書の世界観が根付いているし、そこから逃れられない。そうした精神性が、キリスト教と無関係な映画の中にもキリスト教が出てきちゃう理由だと思うんですよね。

服部 聖書もキリスト教も生まれたのはアジアですが、ヨーロッパ人はそれを受け入れた直後から、自分たちの身近な物語として次々に新しい物語を作り出して行きました。マンガやアニメのファンが作る二次創作と同じです。キリスト教関連の本をたくさん書いている竹下節子さんは、中世の聖人伝を集大成した「黄金伝説」について、聖書に登場する人物やエピソードをその時代に当てはめ置き換

えた物語だと言っています。だから聖人伝の中には、聖書によく似た話が何度も出てくる。

青木 プロテスタントには聖人がいないのでよく知りませんが、聖フランシスコやジャンヌ・ダルクは、何本も伝記映画が作られていますね。

服部 僕は聖人伝に興味があって、しらみつぶしに読んでみたことがあります。聖人カレンダーでその日の聖人を調べ、聖人事典でエピソードを拾い読みするぐらいですけどね。それでわかったんですが、聖人伝というのはほとんどみんな同じような話なんです。名前と状況が違うだけ。罪深い人が何かのきっかけで神と出会い、回心して生まれ変わりましたとか、聖職者が一所懸命伝道したけど、最後は異教徒に迫害されて殉教しましたとか……。

青木 ああ、なるほど。でもそういう話は、どこかで読んだことがあるなぁ……。

服部 結局どれも、ペトロやパウロ、ステファノなど、聖書に書かれている人物伝の焼き直しなんですよ。

青木 それだ！

服部 もちろん細部は違うんですよ。舞台や人物名は、伝説が生まれた当時のヨーロッパになっています。でも物語の大筋は、みんな聖書ルーツで似たようなもの。それが文学や演劇などに姿を変えて、2千年にわたって語り継がれてきた。そして今から100年前に映画ができると、

そこにも同じような物語が出てくる。おそらく作っている人たちは、それが聖書の物語だとは思ってないでしょう。でもルーツをずっとたどって行くと、多くの物語は聖書が源流です。

青木 民話も詩も小説も演劇もオペラも、みんな聖書をルーツにした物語の骨格をなぞっているわけですね。

ハリウッド流の脚本術と聖書

服部 海外の映画の脚本術は、ある程度マニュアル化されています。映画の時間が2時間だとすると、全体を30分ずつ4等分して、エピソードの配列を決めるわけです。最初の4分の1はイントロ、次の4分の1は主人公の成長と成功の物語、次が挫折と転落で、最後の4分の1で大逆転のハッピーエンド、とかね。でもこれは結局、イエス・キリストの生涯など、聖書の物語をなぞっているんです。

青木 最初の4分の1はイエスの誕生から幼年期の物語で、「それから30年後」というテロップが出て伝道が始まる。ここから弟子集めと各地での説教。でも教団が大きくなると反対者との対立が深まって、終盤にユダの裏切りと十字架があって、最後は復活でハッピーエンド。

服部 これが好評だと、ちゃんと続編も作られます（笑）。

青木 使徒行伝だ！

服部 このパターンが染みついてしまっていて、そこから逃れられないんですよ。聖書の物語こそが、ハリウッド映画のシナリオ作りの原点になっている。

青木 このパターンに従っている限り、ハリウッド映画はアメリカ的なキリスト教に牛耳られているのかもしれませんね。

服部 ハリウッド映画だけじゃありません。ハリウッド流の脚本術が映画の世界

のグローバルスタンダードですから、これに従えば世界のどの国で作られた映画もキリスト教的な物語をなぞることになるんです。日本で量産されている高校生向けの恋愛映画みたいなものも、こうした枠組みから自由ではありません。舞台は日本で、登場するのは日本人の高校生カップルでも、映画の時間配分やエピソードの組み立てはハリウッド流。だから

源流をさかのぼると、やはり聖書になるのかもしれません。

青木 すべての物語は聖書がルーツ。

服部 大げさなことを言えばそうですね。あとはギリシャ神話かな……。今の若い日本人でも、戦前とか昭和三十年代の日本映画を観ると、ちょっとテンポが

違って戸惑うことがあると思います。それは映画の作りが、ハリウッド流のマニュアルに沿っていないからです。

青木 ヨーロッパ映画には、今でもそんなところがありますね。ハリウッド映画とは、映画のテンポがちょっと違う。

服部 ハリウッド映画のわかりやすさは、聖書的なわかりやすさなのかもしれません。

青木 予定調和ではないけれども、キリスト教的世界観というのは生まれてから死ぬまでですから、一応流れがあるんですよね。そういう流れに沿った枠組みの中ですべてのことが行われるという価値観ですから。まさに映画的かもしれませんね。

歴史と神話の狭間にあるもの

服部 僕自身は聖書がすべて歴史的な事実だとは考えていないわけですが、だからといって全部が作り話だとも思っていません。随分むかしに、『天地創造』（1966）という映画がありましたよね。

青木 イタリアの大プロデューサー、ディノ・デ・ラウレンティス製作の大作です。原作は旧約聖書の創世記でした。

服部 僕は映画にも登場する天地創造、アダムとイブの楽園追放、ノアの箱船やバベルの塔などの物語が、歴史的な事実だとは思いません。しかしこれを、「しょせん作り話じゃないか」と言う人がいるわけです。

青木 聖書というのはいろいろな人の手垢がついた中で生まれてきているものなんだから、表面的なことだけではなく、その裏側に何が書いてあるのかがわかればもっと面白くなるんですがね……。

服部 でもほとんどの人は、そこにたどり着く前に「聖書は作り話だ。こんなものは歴史ではない！」と思ってしまうのかもしれません。でも古代の歴史書というの

は、必ず神話から始まるんですよ。神話だからダメだと言ったら、「古事記」も「日本書紀」も全部ダメじゃないですか。

青木 近現代史の中にも、史実以外の神話を交えることはたくさんあります。

服部 そうです。例えば企業の創業神話というものがありますよね。本田やソニー、アップルの歴史は、その起業時や新製品発売のエピソードがさまざまな神話で彩られています。その中には本当にあったこともあれば、必ずしもそうではないものもある。

青木 歴史というのは、それ自体が物語なんですよ。本田やソニー、アップルの創業神話に比べると、聖書の創造神話は破格のスケールがありますがね。

聖書は『スター・ウォーズ』だ!

服部 で、最近「聖書に似ているなぁ」と思っているのが、実は『スター・ウォーズ』シリーズ（1977〜）です。

青木 『スター・ウォーズ』がさまざまな神話を下敷きにしているのは、ファンの間では有名な事実ですよ。ルーカスはアメリカの神話学者ジョーゼフ・キャンベルの信奉者だったんです。もっともこうしたエピソード自体が、『スター・ウォーズ』にまつわる神話なんですが（笑）。

服部 『スター・ウォーズ』と聖書が似ているのは、シリーズ全体の構成です。例えば旧約聖書に、サムエル記という歴史書がありますよね。

青木 サウル王から始まる、古代イスラエル王朝の盛衰記です。

服部 サムエル記自体はかなり長いんですが、中心にあるのはダビデ王朝の物語です。ダビデからソロモンに至る物語が、まあ一番面白い。これが『スター・ウォーズ／エピソード4』からはじまる最初の三部作みたいなものです。これが大人気になると、映画はその前日譚を三部作で作ります。

青木 『エピソード1』から始まるプリクエル（前日譚）の三部作ですね。なるほど、サムエル記のプリクエルには、旧約聖書だとルツ記があります。

服部 文書の成立順で言うと、たぶんサムエル記があって、後から書かれたのがルツ記でしょう。そして時代をずっと下って新約聖書の時代になると、イエス・キリストはダビデ王の子孫ということになっていますよね。

青木 確かに。そういう視点で見れば、福音書はサムエル記の続編です。『フォースの覚醒』（2016）から始まる新シリーズの位置づけですね。

服部 『スター・ウォーズ』シリーズのように、続編を作ったりプリクエルを作ったりしながら大きな物語を紡いでいく場合、その構造は聖書の成り立ちに似てくるんです。自然にそうなるのか、模倣しているのかはよくわかりませんけれど……。

青木 コッポラの『ゴッドファーザー』シリーズ（1972〜1990）も、1作目の後に

２作目で父親の若い日の物語に戻って、３作目が後継世代の物語になりますね。確かにあれも聖書的枠組みと観ることができますね。

服部 キリスト教の歴史の中では、イエス・キリストにまつわる人たちの生涯で聖書に書かれていない部分が、聖人伝という形でどんどん発達します。例えばイエス・キリストの物語がまずあって、その後に聖母マリアについての物語が作られ、それに付随してマリアの両親の物語が作られたりする。まったくゼロからの創作ではなく、素材は旧約聖書などから取ってくるんですけどね。やっていることは、『スター・ウォーズ』と同じです。有名な物語に隙間があると、そこをどんどん人間の想像力が埋めていく。

青木 『スター・ウォーズ』にはエピソード２と３の間に『クローン・ウォーズ』（2008）があり、エピソード４の前日譚としては『ローグ・ワン』（2016）や『ハン・ソロ／スター・ウォーズストーリー』（2018）があります。

服部 聖書を書いた人たちというのも、結局はそれと同じことをやっているんです。だから現代人が『スター・ウォーズ』を面白がれるなら、同じように聖書も面白がれると思うんですよ。聖書の多くの部分が歴史的な事実ではないとしても、それがつまらない理由にはならないでしょう。『スター・ウォーズ』の熱烈なファンが文字通りその世界観を生きようとし

ているのと同じように、聖書を読んでいる人は文字通りその価値観を生きようとしているわけですから。それに対して作り話を信じているなんてくだらないとか、そんなことはない……。

青木 作り話に価値がないとしたら、世の中にある小説も映画も全部無価値になる。でもフィクションである小説や映画をきっかけにして、一生の仕事を決めたり生き方を考える人は大勢います。

アメコミ映画と福音書の共通点

服部 聖書と映画の共通点で言うと、僕は新約聖書の福音書はアメコミ映画だと思うんです。

青木 それはまたどういう理由で？

服部 新約聖書にはキリストの伝記として、４つの文書が収録されています。物語の主人公はすべてイエス・キリストですが、内容はちょっとずつ違います。

青木 マタイによる福音書、マルコによる福音書、ルカによる福音書、ヨハネによる福音書ですね。

服部 これら４つの福音書の内容はほとんど同じですが、細部は少しずつ、場合によっては大きく異なっています。この構造は、アメコミ映画のリブート（再起動）に似ていませんか？　例えば『バットマン』シリーズ（1989～）とか、『スパイダーマン』シリーズ（2002～）……。

青木 ああ、言われてみるとそうですね。『バットマン』や『スパイダーマン』

などの映画は、シリーズが終わってしばらくすると、リブートしてまた少し違う設定で物語が再スタートします。監督も出演者も一新して、雰囲気もだいぶ変わります。

服部　それに対して、「前シリーズと矛盾がある」とか「辻褄が合わない」なんて誰も言わないじゃないですか。大事なのはバットマンやスパイダーマンというキャラクターの魅力であって、それ以外の設定やキャラクターは副次的なものです。福音書も同じで、大事なのはイエス・キリストだけなんですよ。

青木　福音書が複数あるのは、保守的な神学に立脚するなら「同じ場面を複数の弟子たちがそれぞれの視点で描き出したから」ということになります。しかし歴史的観点を加えて福音書の成立年代を意識するなら、主人公（イエス・キリスト）を変えずに、それぞれの作り手が強調したいポイントを打ち出していることになる。まさにリブートですね。むしろ福音書同士の記述の食い違いを楽しむことすらできます。味わいの違い、というか。

服部　現代人は合理的にぴったり辻褄の合った話を好むんですが、聖書というのは必ずしもそうした書かれ方になっていません。あちこちに矛盾があります。でもそれは聖書を書いている人たちも承知の上で、聖書の中に残っているんだと思いますよ。

青木　それはおっしゃる通りです。

服部　聖書は何が何でも歴史的な事実でなければならない、100％科学と合致しなければならないと考える人たちも多いと思うんですが、それはかえって聖書の読み方を貧しくしているような気もするんです。トビー・マグワイアのスパイダーマンは素晴らしかったけど、アンドリュー・ガーフィールドやトム・ホランドのスパイダーマンがいてもいいじゃないですか。

青木　『バットマン』シリーズで言えば、ジャック・ニコルソンのジョーカーも良かったけど、ヒース・レジャーのジョーカーも素晴らしかった。どちらが正しいか言い争うのは、ナンセンスですね。

――お話しは尽きませんが、このあたりにしておきましょう。また機会があれば、映画とキリスト教についての話をうかがわせてください。
本日はありがとうございました。

（司会　松谷信司／協力　カフェレストランY's大須本店）

終 章

おわりに

　本書に収録した原稿のほとんどは、「Ministry」「キリスト新聞」「福音と世界」などのキリスト教メディアに掲載されたものだ。ただし単行本収録にあたり、すべての原稿に大なり小なり手を入れている。ノンクリ（クリスチャンではない者）を公言しているライターに対して、限られた紙面をさいて執筆の機会を与えてくれた編集部の方々に感謝したい。中でもキリスト新聞社の松谷さんには、「Ministry」での連載に続いて、「キリスト新聞」で長期連載の機会を与えていただいた。本書記事の大半は、それが元になっている。

　連載終了後もなかなか単行本としてまとめられなかったのは、すべて僕自身の怠慢によるものだ。東京から名古屋に転居し、専業ライターからほぼ20年ぶりに会社勤めを再開するなど、生活環境の変化もあったのだが、雑誌や新聞での連載と違って、決められた締切がないことに甘えてしまった。対談相手の青木先生も、もう対談記事が日の目を見ないと諦めていたのではないだろうか。まことに申し訳ない。

　この本は映画批評家としての自分にとって、2冊目の単行本になる。フィルムアート社から「シネマの宗教美学」（編著）が出たのが2003年なので、本当に久しぶりの単行本だ。たった2冊の著書ではあるが、前著も本書も「映画とキリスト教」がテーマであり、これは自分に取って今後もライフワークとして掘り下げていきたいテーマだと思っている。

　せっかくなのでこの機会に、僕自身が「映画とキリスト教」というテーマで文章を書き始めたきっかけについて記しておきたい。

　今から20年ほど前、「映画批評家」という肩書きの名刺を持ち歩いて仕事をし始めた頃に、知人からの紹介で最初に引き受けた大きな

137

　仕事が「X-ファイル」（1993〜）の LD-BOX に封入される解説書の執筆だった。もはや過去の遺物なのだが、DVD の親分みたいなレーザーディスク（LD）を覚えているのは、中年以上の映画ファンだけだろうか……。

　「X-ファイル」は何度か映画化もされているが、主人公の FBI 捜査官たちが UFO 事件や超常現象の謎に挑むというアメリカの人気 TV シリーズだ。ほとんどは UFO にまつわる陰謀論や超常現象をモチーフにしていたが、この中に時々出てくるのが、キリスト教に関わるオカルト風のエピソード。その後、「X-ファイル」と同じ製作スタッフによる「ミレニアム」（1996〜1999）という TV シリーズでも LD-BOX の解説書を担当したが、これは「X-ファイル」以上にキリスト教ネタが満載だった。

　このことでキリスト教の歴史やアメリカのキリスト教事情について調べだしたことが、映画や TV ドラマとキリスト教のディープな関係を探求して行くきっかけになった。キリスト教書店である銀座の教文館で関連書籍を買いあさったり、自分の知識不足や手が回らない点を、パソコン通信（これも死語）のキリスト教系フォーラムで何度も丁寧に教えてもらったことが懐かしい。こうした経験の積み重ねが、子ども時代の教会学校通いにも増して、僕自身の「映画とキリスト教」というテーマ探求の原点になっている。

　キリスト教は信者以外にも面白い。ノンクリである僕自身に「日本でもっとクリスチャンが増えればいいのに！」と言う筋合いはないのだが、クリスチャンにならずとも、信仰の外側でキリスト教を取り巻く「キリスト教のファン」はもっと増えてくれればいいと思っている。

　プロ野球のファンが、みんな野球経験者だとは限らない。ワールドカップでサムライブルーを応援する人たちが、全員サッカー経験者だとも思えない。日本人の大好きなフィギュアスケートなんて、いったい日本に経験者がどれだけいるんだろうか？　野球にしろサッカーに

しろ、あるいは、フィギュアや他のスポーツでも、その競技の人気を支えているのは、競技者の何倍もいる競技未経験のファンなのだ。ならばキリスト教だって現役信者の周囲に、それを取り囲むファンやシンパがいる方が自然なのかもしれない。仏教寺院や神社だって、その寺や神社を直接支えている檀家や氏子はさほど多くないはずだ。そこには信仰にフルコミットするメンバーの何倍も、確たる信仰心がないまま何となく初詣にだけ行くような一般参拝者がいるのだ。

　古典文学や教養のための読書として、聖書をはじめとするキリスト教書籍を読む人がいてもいい。近所や観光地のお寺や神社に参拝に行くのと同じ感覚で、教会の礼拝に参加してもいいだろう。教会に行くと心が落ち着くとか、ゴスペルを歌うと元気が出るとか、理由は何だっていいと思う。聖書やキリスト教にコミットする敷居は、もっと低くて構わない。キリスト教に親しみを感じ、教会との距離が近くなることで、結果としてキリスト教の信仰を持つ人もいるだろう。僕はそれを否定しない。ファンの中からフルコミットするメンバーが現れるのは、自然で素敵なことだと思うからだ。

　聖書を読むと、初代教会の周囲には「教会の正式メンバーにはならないが、その信仰に親しみを持つ人たち」が大勢いたことがわかる。キリスト教に興味があり、教会の周囲をウロウロしながら、内部には入って行かない人たちだ。こうした人は「神を畏れる人」や「神を敬う人」と呼ばれ、初代教会を支える大切な役目を果たしていた。彼らこそ、僕のようなキリスト教ファンやシンパの大先輩だと思う。

　今のところ僕自身がキリスト教の信者になる予定はないのだが、今後も僕にとってキリスト教は親しく特別な存在であり、人生の同伴者のように常に近くにあるものだと思っている。本書はそんなキリスト教に対する、ファンレターのようなものだと思っていただきたい。

2019年7月　著者

【著者紹介】

服部弘一郎(はっとり・こういちろう)

1966年東京生まれ。グラフィックデザイナーやコピーライターを経て、97年から映画批評家として活動。新聞や雑誌での新作映画紹介、連載コラム、テレビやラジオ出演などで、幅広く活躍する。編著に『シネマの宗教美学』(フィルムアート社)。映画評サイト「映画瓦版」(https://eigakawaraban.wordpress.com/)は、日本の映画評ホームページの草分け的存在として知られる。

DTP制作 : 吉田グラフィカ

カバーデザイン :
JESUS COMMUNICATIONS GRAPHICS

銀幕の中のキリスト教

2019年7月25日　第1版第1刷発行　　　　　　　　　　　　　　ⓒ2019

著　者　服部弘一郎
発行所　株式会社キリスト新聞社
〒 162-0814　東京都新宿区新小川町9–1
電話03(5579)2432
URL. http://www.kirishin.com
E-Mail. support@kirishin.com
印刷所　モリモト印刷

ISBN978-4-87395-760-9　C0016(日キ版)　　　　　　　　　　Printed in Japan

キリスト新聞社

アメリカ映画とキリスト教
120年の関係史

木谷佳楠　著

アメリカの映画産業発展の背後で、いかにキリスト教が影響を与え続けてきたのか。時代ごとにアメリカ社会の側面を見ながら、その時代の映画に隠れた、キリスト教思想を読み解く、同志社大学気鋭の若手研究者の意欲作。
佐藤優氏推薦の一書。
A5判・212頁・1,600円＋税

シネマで読む
アメリカの歴史と宗教

栗林輝夫／大宮有博／長石美和　著

合衆国誕生から現代に至るまでの歴史と、アメリカ社会に広がる様々のキリスト教のセクトを、その時代を描いた映画作品を通して、わかりやすく解説。
アメリカの「裏舞台」を覗けば、世界に誇る大国の本当の姿が見えてくる。

A5判・204頁・2,400円＋税

書籍の場合、重版の際に定価が変わることがあります。価格は税別。